南天竺通信

シニアでもまだまだ海外で働ける

歌って愛して行動する社会科教師

箱崎 作次

インド・チェンナイでの記録（2017年4月～2018年12月）

屋台のスナックもけっこう美味しいよ

チェンナイのガンディー記念館で

ある日の夕食　私のお気に入りがいっぱい

大晦日をカルナータカ音楽で楽しむ

道路端の仕立て屋さんと
１月初めでもこの格好で

ディワリの日、
正装してお寺へ

道路をのしのし歩く牛さん

ビーチで蟹をとる人

早朝のビーチを散歩する人たち

インド人家庭での
手料理をいただく

車ひしめく中の見事な運転

この大きいのは
ジャックフルーツ

道路を渡るのも恐る恐る

バスはドアが開いているので要注意

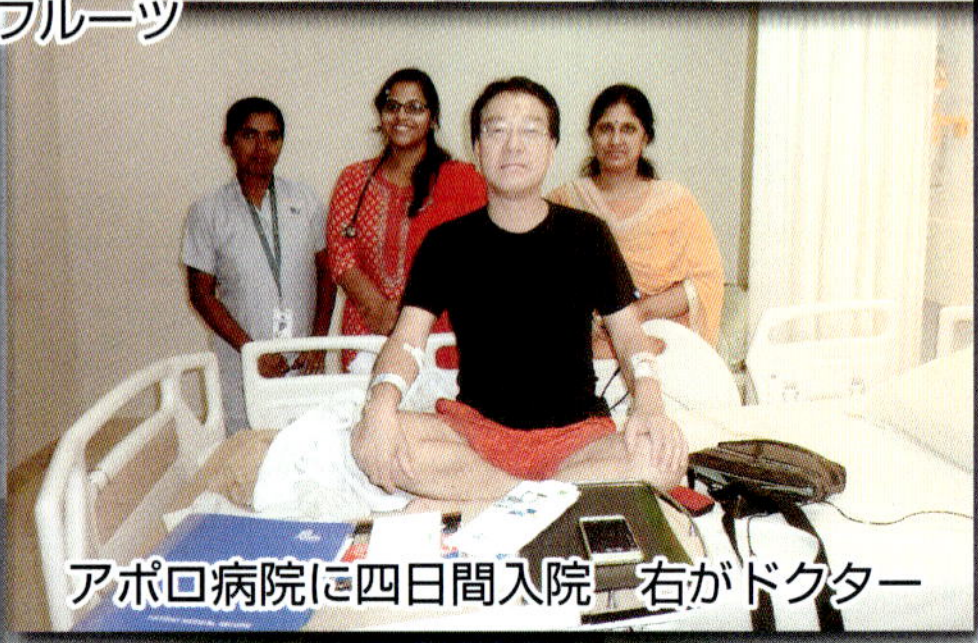
アポロ病院に四日間入院　右がドクター

日本語学校の開校式典に出席

ABK日本語学校への貢献で表彰される

五月は
マンゴーの季節

南インドの古典舞踊バラタナティア
を踊った子供たちと

ミュージックアカデミーでは
ステージや舞台袖で聴くことも

ポンガルと牛の絵

インドの学校の子供たちの劇と踊り

箱崎二人も日本の歌を
歌ってお礼に替える

インドの学校の校長室に掲げられていた標語

合唱部の演奏

ABK 日本語学校で、日本地理の話

最後は記念写真

日印の友好を踊りで表現した学生たち

インドの歌姫たちとの出会い

ABK 日本語学校の先生・生徒たちとの出会い

一人一人にはこんな贈り物も

バンディプル国立公園のシカの群れ

世界遺産のマハーバリプラムにて

春休みは念願のアジャンター遺跡へ

デカン走り抜けハンピへ

ハンピは世界第一級の世界遺産

コルカタのマザーハウス

早朝のバラナシ

南天竺通信

箱崎作次

目次

推薦の言葉

箱崎さんが運んでくれる天竺の風

三輪純永（うたごえ新聞社　編集長）

「インド・チェンナイでの生活と仕事が始まった」ここに暮らす日本の子どもたちへの補習授業校教師として赴任した箱崎作次さんから、入学式の写真と一緒に「天竺通信」第1弾が届いたのは、昨年（２０１７年）４月４日。

そして最新号は（２０１８年）11月5日着「コルカタ旅行」第１６０弾。1年半余で１６０回という精力的な送稿は、「歌って行動する社会科教師」を標榜する箱崎さん（東京都の中学校社会科教師38年）の、旺盛な好奇心、行動力、観察力を物語る。

「通信」は、小学部4年と6年、中学部1年担任の授業のこと、学校のことはもちろん、町の行事や風習、食べ物。さらには果敢に足を伸ばしてのインド国内の世界遺産巡り、さすが社会科教師！

さすがと言えば、三多摩青年合唱団歴も40年の箱崎さん。同じく合唱団員の奥さん・陽子さんとチェンナイ日本人会・合唱部での活動、授業や現地の学校訪問でも歌を取り入れ、日本の唱歌や「青い空は」「原爆を許すまじ」、自作詞の歌も紹介（作曲は〝教育のうたごえ〟仲間の佐藤香さん）。

この貴重なインドホット情報は時折、うたごえ新聞で紹介し、毎号をプリントアウトしている綴りはずっしり重い。

チェンナイってどこ？　と地図を開いた私だったが、チェンナイの旧地名はマドラス。最新号の「コルカタ」はマザー・テレサが活動した拠点で、旧名はカルカッタ。箱崎さんが運んでくれる〝天竺〟の風を心地よく受け、まだ訪れたことのない地に親近感を抱いている。２０１８・11・6

旺盛な好奇心とチャレンジ精神から生まれたお薦めのこの一冊

天野　愛（元チェンナイ補習授業校・教員）

ワインにノンアルコールってあるの？日本酒には？焼酎には？正解は……あるんです、ノンアルコール。疑問を持ち調べてみないと知らない事が沢山あるこの世の中。

インドと聞いて10人中9・5人は「タージマハル！ガンジス河！」と思い浮かぶ事でしょう。では、インドの学校教育について知っていますか？チェンナイに住むインド人ってどんな生活をしているの？インドをどう紹介できますか？そう問われてスラスラと答えられない私。２年間インドに住んでいたにも関わらず…。インドの何故？？はもちろんの事、海外に住んでいるからこそより幸せに感じる日本の楽しみ方まで。追及心に満ちた、ワクワクドキドキ、そしてハラハラ、想像を掻き立てられるこの１冊。

この本の著者の箱崎作次先生。東京都で教員生活の定年を迎え、その後夫婦でインドのチェンナイにある準全日制補習授業校にて教鞭を執っておられます。私は１年間だけでしたが公私にわたるお付き合いをさせていただきました。チャレンジ精神を忘れず計画性があり、常に目標を持ち突き進んでいく、お酒と歌とご家族をこよなく愛する先生です。作詞をなさり、YouTubeにも素敵な曲を何曲もアップされています。覚えたてのタミル語（南インドで使用される言語）を用い、現地のインド人ともすぐにフレンドリーに。だからこそ知り得た数々のストーリーも盛り沢山。

知らない事が沢山学べる。日常のインドが分かる。読み応え満点!!あなたもインド通になれるかも!? 必読です^_^

２０１８・11・11（長野にて）

I

インド・チェンナイでの生活編

南天竺通信　第3弾

インドで暮らして一カ月経っての生活の様子

２０１７年４月29日

①気温と暑さ

インドに来てから連日晴れ続きで日中の気温は35度以上、夜間でも30度を少し下回る程度だ。世界の気温を見ると今はチェンナイが一番暑いところとなっている。５月、６月に向けてさらに暑くなるとのことで、先日熱波に関する注意喚起情報が総領事館から出されたが、今のところ生きづらいというほどではない。それは家でも職場でも冷房がよく効いているからで、もし冷房がストップしたらどうなることやら。このところは湿度も高く洗濯ものが湿っぽいのが悩みの種だ。それでも朝方はベランダのドアを開けると爽やかな風が吹いてきて、夏に秋田の田舎に帰った時、田んぼから井戸を通って吹いてきた涼風のようだ。オニヤンマの代りに蚊やハエも飛び込んでくるが。蚊対策には今のところ日本から持ってきた渦巻き蚊取り線香が大活躍中。

②買い物

買い物は仕事帰りの夕方二つのお店に寄るのが日課となっている。そこで野菜やフルーツ、牛乳、ヨーグルトなどの食料品はほぼ手に入れることができる。最近はレジの店員さんにタミル語で野菜の名前や値段の言い方を教えてもらうのを楽しみに足繁く通っている。生活用品や電化製品は今のところ市内のフェニックスモールで調達しているが、あらゆる商品が溢れ、インドの中間層で賑わっている。こんなところにも急成長しつつあるインドの人々の暮らしを垣間見ることができる。

③食べ物

とにかく野菜とフルーツが安くて（日本の1／3から1／5くらい）おいしいことは言うまでもない。こちらに来てよく食べるようになった野菜はパクチー、果物はマンゴー、パパイヤなど熱帯ならではのフルーツだ。今はスイカとメロンが美味しい。夕食にはたまにウインナーや鶏肉、エビを買ってきてたんぱく質を補充しているが、いずれも日本よりかなり高い。日本では毎日のように食べていたお刺身や蛸はここではまだ一度も食べていない。お米は持ってきた日本米を食べ尽くし、今は細くてパサパサのインド米を食べているが、これをチャーハンにしたり中華丼のようにして食べると以外においしい。だからカレーにもあうのだろう。そのカレーは、目下妻が香辛料を研究中。

④お酒

インドではヒンドゥー教の関係で飲酒は好まれていない。州によっては完全に禁酒となっているところもあるが、ここタミルナードゥ州は完全禁酒ではなく州政府から許可されたＴＡＳＭＡＣという酒屋さんで購入することができる。ビールは日本のビールの味に近く飲みやすい。お値段は小瓶（３２５㎖）で１３０円くらいと手ごろだが、ウィスキーやワインは日本より高い。先日近くのＴＡＳＭＡＣが突然閉鎖されてしまった。幹線道路５００ｍ以内のＴＡＳＭＡＣは閉鎖するという州裁判所の命令らしいがよくわからない。モールでも買えるので行ったら、そこはインド人の酒好きで大混雑。どこの国にも飲み助はいるものだ。最近、ウォッカにレモンをしぼって入れて飲むと美味しいことを発見。

⑤通勤

学校までは我が家から車で20分ほどだが、チェンナイの道路はどこも車とオートリクシャー（三輪車）、バイク、通行人でひしめいている。校長先生のお話によるとチェンナイは世界でも交通事故死の多い都市のワースト2とか。この渋滞と死と隣り合わせの中をクラクション鳴らしながら目的地に無事にたどり着くドライバーさんの腕は相当なものだ。いずれ、オートリクシャーや電車、バスも利用してみたいと思っているが、まだ先の話しになりそう。ここでは道路を横断するのだって命がけ。まずは道路を安全に歩くすべを身につけることが先決のようだ。

⑥住居

私たちが暮らしているアパートは補習校理事会が用意してくれて、幹線道路から４００ｍほど中に入った閑静な高級住宅街の中にある。周りには豪邸が並び建ち、一軒一軒にりっぱな門がありセキュリティが守っている。庭も広そうで熱帯の樹木が生い茂り、美しい花々が咲き乱れている。この通りを早朝散歩するのが私たち夫婦の日課で、地元の人たちもたくさん散歩している。ビーチにも5分ちょっとで歩いて行ける距離にあり朝方や休日の夕方は若者たちや家族連れ、恋人たちでにぎわっている。私たちの住居は3階建てアパートの2階にあり、台所付きのリビングと寝室、シャワールーム、トイレが付いていて二人で暮らすには十分な広さだ。水道水は洗いものに使い、飲み水は20リットル入りの水ボトルを一週間くらいで交換して使っている。20リットルで60Rs＝日本円で１２０円くらいだ。（1Rsは1・6円前後だが、生活するうえでは1Rs＝2円で計算している）シャワールームには浴槽もあるが、ここではシャワーだけで事足りている。

⑦娯楽

今のところ休みでも教材研究に追われ、せいぜいチェンナイ市内と郊外の芸術村、世界遺産のマハーバリプラムに同僚たちと研修旅行で行ってきた程度だ。我が家のテレビでもインド番組が見られるようになったが、目下ＮＨＫのニュースや世界の天気を見る程度だ。インド映画もそのうち地元の映画館でと思っている。

⑧言葉

町にはタミル語と英語の看板が溢れている。日本で少しだけタミル文字の勉強をしてきたが、まださっと読むには時間がかかるし、読めても意味がわからなかったり、話し言葉になるとさっぱり聞きとれないのが現状だ。英語の方は話す人、皆インド訛りがきつくて理解するのに難儀している。自分が言いたいことだけは何とか伝えられるようにと私も必死で秋田訛りの英語で話しかけているところだ。

⑨インドの人とインド社会のこと

これは、これからいろいろなインドの方々と触れあっていく中での大きなテーマだ。ブッダやガンディーの末裔たちが何を考えて生きているのか、ヒンドゥーの教えとは何なのかという精神的なものから、現在のインド社会の政治・経済・社会の課題・歴史・文化・民族など知りたいことはいっぱいある。時間をかけて少しずつ解明していければと思っているところだ。以上、渡印ちょうど一か月のインド生活の様子の一端を記した。

南天竺通信　第12弾

２０１７年９月10日

インド社会の現状の一端と若者たちの問題意識

この夏、チェンナイの日本語学校で日本語を学んでいる学生たちに「日本の地理」についてお話しする機会を得たことが縁で、インドに来て日ごろ疑問に思っていたことを学生たちにアンケートで尋ねることができた。すなわち『みなさんは、インドがもっとよりよい国になるために、政府が何に取り組むべきと思っていますか？』という質問で、三つ以内で書いてくださいとお願いしたら26人の方々からたくさんの回答をいただいた。ほとんど英語で書いてあったので、わからないところは辞書をひいたり、英語の達者な人に聞いたりしてまとめてみた。大体、多かった順に挙げると

国・町・道路全体をクリーンにすること、きれいな水の安定的供給、道路と下水処理の改善、交通渋滞の解消・交通ルールを守る・交通事故を減らす・公共交通機関の整備、雇用を増やす、政治の腐敗（汚職や裏金）をなくす・クリーンな政治、政府は国民の声をもっと聞くこと、能力にあった仕事と地位の保証、貧困の解消・貧富の差の解消と平等の権利を、カースト制度の禁止（留保制度の見直し）、教育システムの改善・教育レベルの向上・適正な教育、科学技術の進歩促進、公害対策と公害にもっと関心を持つこと、インフラ整備・安定化、資源を大切に、農業の改善、農民の救済、輸入を減らし輸出を増やす、インド産のものをもっと増やす、人口抑制策、規制強化、テロ対策、植林活動、観光事業の改善など多数挙がった。

私がタミル語を習っているインド人の女性の先生は、１交通渋滞の解消、２ごみ対策、３クリー

ンな政治を挙げた。箱崎さんはどう思っていますかと聞かれて、私が応えたのはやはり1番に交通渋滞の解消で、日本だったらラッシュアワーの時間が大体決まっているが、ここインドの市街地は常に激しい渋滞で、渋滞がなければ車で30分くらいで行けるところを時には1時間半も2時間もかかってしまう。2番目がごみ問題で、インドにも美しい自然や街並み、観光地などたくさんあるのに残念ながらあちこちにごみが散らかっていて興ざめだ。中には街の一角がごみ捨て場と化している所もある。夏休みに庭園都市のバンガロールから観光都市マイソールへ列車で行った時には沿線にごみが多いことにびっくりしてしまった。インドが国をあげて、ごみ対策にしっかり取り組むだけでも観光客が増え、病気や衛生面での改善がなされるのは間違いないと思われる。半年間生活してきて3番目の問題は、暑さ対策、しばしばの停電、生魚が食べられないなどいろいろあるが、目下は暑さが和らぐと共に蚊が増えてきたことだ。へたに刺されるとデング熱にかかり寝込むことになってしまう。日本から持ってきた渦巻き蚊取り線香、キンカン、ムヒ、地元の方お薦めの蚊よけ塗り薬、液状蚊取りといろいろ試しているが効果はいま一つ。寝ていて耳元でブーンとくると寝られなくなってしまう。やはり古きゆかしき日本式蚊帳が一番いいのかもしれないが、つい最近インドにも蚊取り線香と蚊よけスプレーがあることを友だちが教えてくれたので試してみようと思っている。

ということで今回はインド社会の現状の一端と若者たちの問題意識を紹介した。

２０１８年1月5日

いかに安くインドでの生活を楽しむか

今回はインドでいかに安く生活を楽しむかという題で書いてみようと思う。と言うのは年末・年始をチェンナイで過ごしてみると、「何だ、インドでも安くいろいろ楽しいことができるじゃないか」という体験をいくつかしたから。

その1　年末・年始はカルナータカ音楽とバラタナティヤムという踊りをほとんど無料で楽しめる。

南インドの伝統音楽であるカルナータカはチェンナイがメッカで、12月後半から1月にかけて市内のあちこちでコンサートやフェスティバルが開催される。私が今回妻と共に鑑賞できたのは12月28日から12月31日までの四日間と1月４日で、そのうち２回はカルナータカ音楽の殿堂と言われているミュージックアカデミーで。会場席なら１５００Rs（約３０００円）までいろいろなランクがあるが、私が聴いたのはDaisと言うステージに胡坐をかいて座って聴く席で何と１００Rs。そして残り三日間はこの間私が親しくしているインド人のお嬢さんのお父さんが主宰する団体のコンサートで、学校の体育館で五日間開催され、朝から夜まで全て無料。若手演奏家たちのステージから12月31日のおおとりの超一流の演奏まで聴きたい放題。年が明けて1月３日からはミュージックアカデミーはダンスフェスティバルとなり、１月４日の午前10時開始のプログラムに行ったらこれは無料で入ることができた。一番前の席で踊り子や楽器演奏者の表情を楽しみながら鑑賞。無料でも一流の演奏であることには変わりない。

その２　路線バスを利用すればきわめて安くあちこちに行ける。

２月はじめに娘がチェンナイに短期で来る予定なので、どこに連れていったらいいか考えた時に真っ先に浮かんだのが世界遺産のマハーバリプラム。昨年四月チェンナイに赴任早々、職員研修で連れていってもらって、今から１４００年ほど前の寺院群と見事な彫刻の数々、バターボールと呼ばれている巨石などが目に焼き付いていた。その時は職場の車で行ったが、路線バスでも行けると聞いていたので今回初挑戦。行きは接続が悪く途中オートリクシャを利用したので二人で３１６Rsかかってしまったが、帰りは路線バスで一直線で1時間ちょっとで戻ることができ、二人で何と46Rs、一人片道45円で、窓から流れてくる心地よい風を受け、田園風景を楽しみながらの小旅行。次はどこに行くかわからないバスに乗り込んでみようと思った次第。但し、混むときは立錐の余地もないくらい混むし、ドアもついていないし、バスの外装・内装とも日本の美しさをしばし忘れることが肝要だ。

その３　屋台を利用すればきわめて安く胃袋を満たせる。

健康・安全・衛生などいろいろことを考えてしまうと町のあちこちにある屋台にはなかなか手がでなかったが、今回思い切って屋台の揚げ物のスナックやチキンから揚げを買って食べてみたら、これがおいしくて安い。今のところお腹も大丈夫。日本人にはこれだけだともたないが、テイクアウトし家で野菜と一緒に食べれば一食１００Rs前後で暮らせそうだということが少しずつ分かってきた。但し、酒代は除く。ビール小瓶でも80Rsくらいはするから。

以上、この1年はいかに安く健康にインドライフを楽しむかが箱崎家の課題だ。

２０１８年１月14日

南インドの三大祭りの一つ、ポンガル祭り始まる

南インドのチェンナイに暮らしてまだ10か月なので、年間どんなお祭りがあるのか肌で体験していないところもあるが、三大祭り「〇〇おめでとう」と言うと次の三つのようだ。

まずは４月中旬のタミル暦でのお正月。タミル暦は４月中旬を新年のスタートとし、５月中旬までを〝チッティライ月〟と呼んでいる。昨年はチェンナイに赴任してまだ２週間しかたっていない４月14日が元旦で金曜日であったが祝日なので土・日入れて三連休になってほっとしたことを覚えている。早朝近所に散歩に出かけ、家の前で何やら絵を描いているタミルの人たちに、覚えたてのタミル語で「プッタンドゥ　ナルワートゥッカル」と挨拶したらにっこりほほ笑んでくれてタミルの人々をいっきに好きになった。今年も４月14日が元旦だが土曜日なので土・日の二連休でおしまい。ちなみにインドの年末・年始は12月31日(日)、１月１日(月)だけがお休みであとは普段と変わらない人々の生活であったように思う。

次は10月中旬過ぎのディワリで昨年は10月18日(水)と19日(木)であった。ものの本によるとヒンドゥー教の新年のお祝いだそうで、町は電飾で飾られ、爆竹で大賑わいとか。だが、ちょうどこの時期は補習授業校の秋休みと重なっていて、私たちはタイのプーケットで娘夫婦と過ごしたので実際どういうものか体験していない。今年のディワリはちょっと遅く11月５日(月)がメインで、その前後が四連休となっているので、どこかに旅行しているか、それともディワリ体験をしていることか。

そして三つ目が、昨日1月13日(土)から始まったポンガル祭り。この祭りは日本で言う収穫祭。日本だと夏から秋にかけて行われるのが普通だが、ここ常夏の南インドはお米だって年間三回も収穫できるところだからいつ収穫祭があったっておかしくない。タミル暦では今年は1月14日がタイ月の始まりだが、前日のボーギも入れて四日間が祭日となる。「ボーギ」とは日本で言う「どんど焼き」のようなもので、各家庭では一斉に古い衣服を焼いて無病息災を願う。その煙が町中を覆うので大変なことになる。実は私たちは1月5日から東京に一時帰国し、クアラルンプール空港乗り継ぎで13日の午前8時にチェンナイ空港に到着の予定であったが、スモッグで飛行機が離発着できず着陸したのは2時間遅れであった。車も一寸先も見えずノロノロ運転だったとのこと。ポンガルの初日は交通機関を利用しないこと、これが今回初めて体験してみてわかった。さてポンガルの二日目の今日、朝ご近所を散歩するといつも以上に家の入口に米粉でカラフルな絵が描かれている。これはコーラムと言う絵で、今回はヤシの実やさとうきび、何やら壺から白いものがこぼれている絵が多い。調べてみると、ポンガルと言うのはもともと「沸騰させる」という意味で、米と豆を混ぜたものにミルクを入れて沸騰させると壺からふきこぼれる。これが縁起がいいということで絵にも描かれているようだ。行きかう人々に「ハッピー　ポンガル」あるいは「ポンガル　ナルワートゥッカル」と挨拶すると、にっこりと挨拶を返してくれるのがいつもながらのタミルの人々だ。三日目は、マットゥーポンガルで家畜に感謝し、牛やヤギを綺麗に飾り付ける。四日目は、カーヌンポンガルでビーチに行ったり映画を観たりと外で過ごす。また女性に感謝する日とか。では、これから町に出てポンガル二日目の様子を見てきましょう。

南天竺通信　第30弾

我が家の最初の宿泊客は娘であった

２０１８年2月5日

チェンナイの我が家の最初の宿泊客は娘だった。三重県の志摩市でトルコ人の夫と共にホテルで働いている娘が、２月初旬に休みが取れるからチェンナイに行くよ、と連絡してきたのは昨年の12月。すぐに航空券をとり、五日間の短い滞在期間中のスケジュールを決めてきた。私の血を引いて何事にも決断と次への行動が早い。

今回のチェンナイ訪問の一番の目的は親がどんなところでどんな生活をしているのか垣間見ること、そして第二の目的は日本でもやっているヨガを本場インドで体験することだった。私たち夫婦は昨年の夏に自宅近くのヨガ教室に１回だけ行ったがその後は時間帯が合わないということと、そこはアメリカ式のヨガ教室ということで他に適当なところがないか、旅行社や合唱部の人などに聞いて回った。そして最終的に選んだのが、私がタミル語を習っているマニキルパ先生の夫。マニキルパ先生からのメールでヨガの先生をしていることを知り、娘が日本から直接電話しとても親切な方だったということで決めていた。

娘のチェンナイ空港到着は2月2日㊎の午前3時半。荷物を受け取って出てきたのは4時半近くだった。本当は0時20分に到着の予定だったが、乗り換えの香港で機体トラブルがあって、その時点で3時間遅れるというメールが入っていた。お陰で迎えも3時間遅らせて2時にしていたので、夕食後ひと寝入りしてから迎えに行った。これが香港からの連絡なければチェンナイ空港で3時間半も心配しながら待つ羽目になったかもしれない。こういう時にメールは便利だなと、携帯を持って1年と1か月を迎えた私も納得した次第だ。

さて念願のヨガ教室。到着してからひと寝入りし午前中はご近所を散歩して、昼食後さっそくバダッパラニへ。マニキルパ先生の自宅の2階がヨガ教室になっていた。私はこの日、アメリカンスクールの行事の関係で4人が補習校を欠席し、残った一人の子も熱が出てお休みということで、これ幸いとお休みをいただき同行することにした。2時間のこの日のレッスンはヨガとは何かという座学が中心だった。娘もすっかり気に入り、次の月曜日と火曜日の2回分、計6時間を予約し、この日の分も入れ計8時間分で8000Rsを支払ってきた。日本で本場のヨガの先生に習うと1時間で1万円＝約5000Rsを超すことを思えば極めて安い。

翌日3日(土)は補習校の授業参観日だったので、娘は1時間目に妻と私の両方の教室に行き、特に私のクラスの「私の10歳宣言」の様子をビデオやカメラに撮ってくれたので助かった。その後は仕事から解放された妻と市内見学へ。聖トーマス教会、カパレーシュワラ寺院を見てからTナガールで昼食を摂り、お土産などの買い物はフェニックスモールでしてきて、仕事が終わった私をピックアップして我がアパートメントへ帰った。

4日(日)の昨日は世界遺産のマハーバリプラムへ。職場の天野先生もお誘いして4人で路線バスで行く。アルジュナの苦行と呼ばれる岩に刻まれた彫刻やバターボールを見てから女性陣は買い物へ。私は芝生でごろりと横になりうたた寝。その後、新年会の抽選であたった、インターコンチネンタルホテルで豪華なランチを楽しみタクシーで帰ってきたのであった。娘の旅もアッという間にあと残り二日間。どうぞいい思い出と、両親がまあまあいい所で暮らし、生き生きと仕事していることに安心して帰国できますように。

南天竺通信　第37弾

2018年3月1日

別れと出会いの季節到来

弥生・三月、別れと出会いの季節を迎えた。まだちょっと早い気もするが今回はチェンナイでの二つの別れについて記しておく。

その1　チェンナイ合唱部員との別れ　初めて空港で合唱し見送る

チェンナイ合唱部員との別れは時期に関係なくやってくる。駐在員の任期は大体2～3年で時期を問わず異動が発令されるからだ。昨年4月末の日本人会総会で初めてチェンナイ合唱部の演奏を聴いた時にはメンバーは30人以上いた。タミル語で歌ったballeilakkaという曲に魅了され妻と二人ですぐに入部させてもらった。週に1回のペースで土曜日の夕方か日曜日の午後に、団員の自宅やホテルの一室を借りて練習は進められてきた。毎回練習に集まるのは10数人。最初の演奏は9月上旬の夏祭りであった。その頃から団員が少しずつ本帰国のために、あるいは他地域への異動のために合唱部を去ることになり、その都度送別会が開かれようになった。そしてこの2月末から3月には一気に5人の団員が去ることになってしまった。途中途中に新入団員も迎えてきたが、この5人が去ってしまうと団員は12～13人に、特にテノールは1人という危機的な状況になってしまう。先日は合唱部発足（と言っても誕生して3年目に入ったところだが）以来のメンバーで、得意のパフォーマンスで練習会を盛り上げ、練習ごとに必ずお手製のプリンを持って来てくれたテノールの団員が帰国することになった。合唱部のお別れは送別会をもって閉めにしているので空港まで見送りに行くのは任意としているが、この日は毎回のプリンありがとうと、箱崎家の二人も初めてチェンナイ空港まで見送りに行ってきた。夜の10時半。国際線の入り口にはこれから仕事や旅行で旅立つ人、見送る人たちでごった返していた。そこに集まった団員は7人。見事に4パート揃う。そしてこれが恒例と言う合唱での見送り。この間に歌ってきた「over drive」「tomorrow」「ジュピター」「インド国歌」を歌うと少しずつ見送りの人たちの人垣が出来てきた。最後に、balleilakkaを歌った時には何重もの人垣が出来、まるで路上ライブのようであった。この曲を歌うとインドの人たちがとても喜ぶんだと言っていた団員の言葉がやっとわかった。かくして6曲歌って最後に別れの言葉をいただき、ゲートに入っていく彼を見送ったのであった。

その2　補習授業校の児童・生徒、先生方との別れももうすぐ

今年度の修了式は小学部が3月16日㈮、中学部が3月17日㈯、そして卒業式が小・中合同で3月18日㈰に行われる。ここで帰国する児童・生徒が何人かいる。私が担任する小4のクラスでも一人帰国する。そして2～3年の任期を終えた先生方も。校長先生は3年の任期を終え3月20日には帰国。女の先生が一人3月22日に帰国。残るのは箱崎二人ともう一人の女の先生で、校長先生を含め新しくやってくる4人の先生方を待って新年度がスタートする。いよいよ本格的な別れと出会いの時期がやってきた。そして私たちのチェンナイライフもあと一か月で2年目へと突入する。光陰矢の如し、それ故に一期一会を大切にしていきたい。

南天竺通信　第38弾　　2018年2月23日〜3月1日

箱崎家の一週間の食事メニューと支出から見るインドでの生活　その1

※3か月ごとの記録を取ることで、我が家の食生活やインドの季節の変化を読み取るために。
ちなみに箱崎作次の収入は一か月働いて48000Rs　これで一か月の生活を賄うのはギリギリ。

	朝食	昼食	夕食	支出 1Rs=2円
2/23(金)	インド米＋味噌汁 パン　フライドポテトといんげん 野菜サラダ	和風スパゲティ ピクルス メロン	海鮮カレー 野菜サラダ(大根、ニンジン、キュウリ、以下大体同じ)	切手　75Rs 食料品 571Rs コーヒー豆 250Rs
2/24(土)	インド米＋海鮮カレー 野菜サラダ	職場のお弁当 妻はカップラーメンとバナナ、野菜	合唱部の送別会でピッカンテで食事	お食事代 二人で5000Rs driver　100Rs
2/25(日)	インド米＋クノールスープ、クラッカー、紅茶、ジャム、フルーツ(キューイ、パパイヤ、柿)	和風スパゲッティ 野菜ステック(ニンジンとキュウリ)	野菜炒め　パクチー 味付け卵 ケバブ 漬物サラダ	食料品　492Rs ケバブ 100Rs
2/26(月)	インド米＋昨日の残りのクノール　クラッカー 紅茶、わかめシーチキンサラダ、フルーツ(キューイ、パパイヤ、バナナ)	マカロニスパゲティ 味付け卵 ピクルス スイカ	ビリヤニ なすとピーマン炒め 温野菜(ブロッコリー他)、味付け卵 とうもろこし	Airtel　348Rs ビリヤニ 80Rs 食料品 1300Rs
2/27(火)	マカロニスパゲティ 野菜サラダ、コーヒー フルーツ(パパイヤ、キューイ、スイカ、バナナ)	カップラーメン 温野菜(ブロッコリー、カリフラワー) オレンジ	KFCのチキン 野菜炒め　ジャガイモ　わかめスープ	KFC　232Rs ウォッカ2本 1520Rs
2/28(水)	インド米＋わかめスープ クラッカー　ジャム シーチキンサラダ フルーツ(キューイ、パパイヤ、バナナ、柿)	屋台のスナック 野菜スティック 温菜の残り スイカ コーヒー	チキンフライドライス ターメリックスープ キャベツとパクチー	スナック とチキンフライドライス　344Rs 食料品　405Rs 空港へ　300Rs
3/1(木)	チキンフライドライス クラッカー　ジャム ターメリックスープ フルーツ(いつもと同じ)	チキンフライドライス　スパゲティ 大根サラダ フルーツ(メロン)	エビ・卵・マッシュルーム炒め、豆腐の煮物、ワカメと野菜 とうもろこし	食料品 1202Rs

一週間の支出合計　食料品　4726Rs　お酒とコーヒー　1770Rs　その他　823Rs
送別会食事代(二人分、見送られる方の分の負担もあり）　5000Rs　　**合計　12319Rs**
※外食代一回で5000Rsは一週間の食料費に相当するので痛いが、お付き合い上やむなし。

南天竺通信　第39弾２０１８年３月４日

我が家の日課とインドの人々の散歩風景

インド・チェンナイに昨年４月に来てからの我が家の日課の一つは、ほぼ毎朝二人でご近所を散歩することだ。夜がしらじらと明けてきたころ、３月初めの今頃だと6時20分頃から歩き始める。一番のコースは我が家から歩いて７～８分ほどのビーチで、日の出のベンガル湾を眺めながらの体操。ビーチにはすでに何人ものご近所の方々が来ていて、体操したり浜辺を歩いたり、若者はクリケットをしたりと様々。日中は今の時期でも30度を超す暑さだが、朝方は涼しくて気持ちいい。毎日のようにベンガル湾を眺め、そのはるか先にある我が祖国を想う。次の詞は昨年五月のものだが、その心境は10か月近く経つ今も変わらない。

この海のはるかかなたに

２０１７・５・５～５・７

①この海のはるかかなたに　我が祖国あり
今やボタン一つで　愛しい人たち見えれど
空飛びて　一日がかり　波に揺られりゃ　幾月か
今なお近くて遠い　この国と我が祖国なり

②この海のはるかかなたに　我が祖国あり

肌の色は違い　言葉も文字も異なれど
きょうも　あしたも　愛しき人たちに　幸多きことを
朝に夕に　浜辺につどう人たちの　願いは同じなり

ビーチで体操して帰ることが多いが、少し時間に余裕がある時はご近所を30分ほどかけてぐるりと一周する。私たちが住んでいるアパートメントは幹線道路から一歩入った住宅地にあり、車の往来は少なく静かで安心して歩ける。道路の両側にはりっぱな家が建ち並び、一年中熱帯の花々が咲いていていて見飽きない。そしておもしろいのがインドの皆さんの散歩風景。一番多いのが大人の男人たちで、数人固まって大きな声でしゃべりながら散歩している。そしていずれも歩いている姿勢がいい。背筋をすっと伸ばし、手をよく振りながら歩く。女性グループもいるし、一人で歩いている人、犬を連れて散歩している人もいるが、我が家のように夫婦でとかカップルで歩いている人はあまり見ない。ビーチにはたまにカップルの若者がいるけれども、この社会ではまだ男女が外を一緒に歩くということは少ないようだ。20年前に3年間暮らしたドイツでもよく散歩したが、あそこでは老夫婦が腕を組んで散歩している風景が日常的だった。それはともかく平日の朝も多くの人が散歩しているインド。散歩後に仕事に行く人も多いのだろうか。日本では散歩してから、さて仕事に行くか、という働き世代がどれだけいるだろうか。私も現役時代は朝起きてご飯食べて、さあ出勤という毎日であった。妻と朝散歩ということも休みの日も含めてほとんどなかった。今ここに来て、平日の朝もゆっくり散歩できる幸せを噛みしめている。

南天竺通信　第40弾

蚊に悩まされる日々　の続き

2018年3月5日

「蚊に悩まされる日々」と題して前回書いたのは、昨年11月17日付けの『南天竺通信　第19弾』（掲載は省略）であった。それから四か月近く経った今はどうかと言うと、相変わらず悩まされている日々だ。正月に日本に帰って不在だった間に、シロアリ対策も兼ねて大量にフマキラーをまいてもらった。そのお陰かしばらくは蚊もなりを潜め、今晩は出そうだなという時には、日本から持ってきた蚊対策スプレーを吹きかけておけばひと安心だった。が、その効果も一か月ほど。スプレーもなくなり、今はインド仕様の黒い蚊取り線香を毎日焚いている。仕事に行く前にはフマキラーをまいていく。それでも夜中にブーンときて目が覚めたり、痒くて目を覚ますこともしばしば。痒みにはキンカンが一番。正月に2本だけ買って持ってきたが、それもなくなりかけてきて、先週日本に一時帰国することになった友人に大びんを2本買ってきてくれと頼んだ始末だ。そんな憎き蚊を題材に、昨年11月に書いたのが次の詞。これは小4の国語の教材に「のはらうた」という工藤直子の詩のコーナーがあり、では自分たちも身近な動物や植物になって詩を書いてみようと呼びかけ、私も挑戦して書いてみたものだ。なかなかおもしろい詩になったので、これに曲をつけたらどういう風になるかなと佐藤香さんに作曲をお願いしたら、正月日本に行ったときには国分寺の我が家にCDが届いていた。これを2歳5か月になった孫に聴かせたら、何と大喜びで何度もリクエストされ、途中からは踊りも始まった。妻曰く「今までで一番いい曲じゃないの。小さい子供もこんなに反応するのだから本物よ」。小4の子どもたちには、2月3日に1／2成人式というのを保護者招いてクラスでやった時に、先生からのプレゼントの歌ということで聴いてもらった。後日、保護者の一人から「先生のあの歌、NHKのみんなの歌に出していいんじゃないの」と言われ、佐藤香さんにその旨報告したら、今は公募していないとか。残念、きっと全国の子どもたちも大喜びで踊りだしたろうに。ということで、詞だけだが紹介する。

俺様は天下無敵の蚊太郎だ

２０１７・11・28

作詞　天下無敵蚊太郎

俺様は天下無敵の蚊太郎
体は　ちっこくても
人間どもを　ひと刺しすれば
あっちこっちで　かゆい　かゆい
でんぐ熱で
震え上がらせることだって
蚊取り線香も　フマキラーも
ＯＤＯＭＯＳも　怖くない
モスキートバットだって
ひょひょいの　ひょい
でも　油断していると
バチーン
ああ　きょうも
ひとり　やられた
俺様は　命ある限り
きょうも　あばれまわるぞ

南天竺通信　第42弾

インド社会で一年間暮らしてきて腹を立てること様々

２０１８年３月８日

インドで一年間暮らしてきて腹が立つこと、いらいらすること、むかつくことはいろいろある。それはある程度予測していたので、少しでも快適に気持ちよく暮らしていくコツは、いちいち腹を立てないこととわりと早くから悟り、穏やかに暮らしてきた。でも溜めておくといつ大爆発を起こすかもしれないから、ここに少し吐き出しておくことにする。

○一番最近腹が立ったことは、某携帯会社の対応。私たちがインドに来てから契約している携帯会社から「政府の指示で書類などの再確認が必要になったから3月中にお近くの携帯会社に書類持参で来てください」というメールでのお知らせが2月にあった。職場の事務のカンナンさんが書類を揃えてくれて行ったら1回目は混雑していて時間が相当かかりそうなので次の日に出直す。次の日また相当待たされた挙句、ここではできないということに。「書類を揃えて来てください、というから来たのにここではできないとはいったいどういうことだ」と温厚な私もつい日本語で怒ってしまった。結局ここでは埒があかず別の携帯会社に行ったら、そこは何とか対応してくれることになりひとまず胸をなでおろす。

○次は、インドに住む外国人にもアーダールカードというものが必要になって、この手続きを3月中にしないと携帯が使えなくなる、銀行からお金が引き落とせなくなるという重大なお知らせが昨年末にメールできた。２月に例のごとく書類を揃えてカンナンさんと行き、手続きを終えてほっとしていたら、2週間ほどしてからエラーがあったということでだめになった。別の事務所に行ったらそこはサーバーダウンとかでできなくて、もう一度最初の事務所に行って再度の手続きをしてきた。10日くらいでカードは届くという話なのに3週間経った今も届いていない。これで携帯も銀行も使えなくなったらとんでもないことになる。そもそも二つとも重要なお知らせなのにメールだけというのが、長い間ペーパー社会で生きてきた人間には解せない。

○次は、日本でもたまにあるが商品を一つ買うともう一つ同じものがただでつくというbuy1get1というセールがインドでも時々ある。先日よく利用しているお店でスパゲティのbuy1get1があったので買ったらレジで2袋分請求された。これはbuy1get1じゃないのと言ったら、他の店員が調べてくれてbuy1get1だということが確認されて1袋分のお金が戻ってきた。レジの店員さんに周知徹底されていなかったから起こったものだと思うが、その店員さんもお店の誰も「申し訳ありませんでした」と謝らない。こういうことが2回あった。こちらもおかしい時にはおかしいとはっきり言わないとバカをみることになる。

次はむしろ政府の方針が撤回されて助かったことを一つ挙げておく。

○インドではお酒を買う所を探すのに苦労するが、来て早々、利用していた道路沿いの酒屋さんが突然閉鎖されてしまった。これは最高裁判所の判決を受けた政府の指示とかで、幹線道路から500m以内にある酒屋は全部閉鎖ということだったが、抗議が殺到したのか三か月後には撤回され、また元の酒屋さんを利用できるようになってほっとした。

今回はここまでにしておく。どこの国にもいいところと課題、両方あるものですな。

南天竺通信　第43弾

二つの国のそれぞれに良きところ課題あまたあり

２０１８年3月9日

前回の通信の最後に、どこの国にもいいところと課題、両方あるものですな、と書いたが、そのことを強く感じたのは、今年の一月初めに九か月ぶりに東京に帰ったとき。22歳の年から40年間も住み慣れた東京なのに、目にするもの耳にするもの、口にするもの何もかもが新鮮だった。町にはゴミがほとんど落ちていない、横断歩道があちこちにあって安心して渡れる、水道の水が冷たく飲める、淹れたてコーヒーのうまさ、冬の空気はピリリとして気持ちいい、子供たちが親子で公園で走り回っている、そして何より、豆腐・納豆・味噌汁・たらこ・寿司などの日本食のおいしさ、日本酒は言うまでもなく、久々の温泉は最高等など。それをそのまま詞にし、インドの良いところもいろいろ挙げて歌にしたら両国の紹介になるのではないか、と佐藤香さんに詞を送ったら二月には曲ができてきた。今回はプロローグとエピローグは同じ歌詞で同じメロディー。これがとっても効果的だ。歌詞に合わせて写真をパワーポイントで流すことにも挑戦。ちょうど今、小学部4年生の国語の授業では、リーフレットの作成で、〇〇の紹介をやっているので、先生もではということで「日本とインドのそれぞれ良いところ紹介」と題して発表。子どもたちが喜んでくれたことは言うまでもない。たとえ少人数でもこうしてできた作品を鑑賞してくれる人がいると作り甲斐がある。気をよくして2時間目の社会では、世界遺産が出てきたので2年前に作った「世界遺産の歌」も披露。さらに先週の中2の社会ではエルトゥールル号の話が出てきたので、これも2年前に作った

「二つの国のきずな」を披露したのであった。それでは今回の作品をどうぞ。

二つの国のそれぞれに　良きところ　課題　あまたあり
何を学び何を活かすか　そこにこそ　その国の未来あり
①我が祖国見れば　道端にもごみ　ほとんど落ちておらず
横断歩道　いたるところにあり　シニアも安心して渡れる
水道の水　冷たく　ごっくり　淹れたてコーヒーの旨さよ
冬の空気　ピリリと　心　体　引き締まり　頭冴えわたる
子供たち　凧揚げしながら　芝生の公園　走り回っている
日本食　日本酒　温泉　定番なれど　これぞあゝ我が祖国
②この国では　野菜　果物いっぱい　安くて　おいしい
年中暑く　半袖　短パン　サンダル　一年中　オーケー
バス　電車　安く　国内の旅　列車・飛行機で　すいすい
寺院　世界遺産　お祭り　いっぱい　年中人々で　にぎわう
伝統のカルナータカ音楽　聴きたければ　年末ただで聴ける
カタコトでも話しかければ　にっこり微笑み返すタミルの人々
二つの国のそれぞれに　良きところ　課題　あまたあり
何を学び何を活かすか　そこにこそ　その国の未来あり

南天竺通信　第75弾2018年5月1日

今日はメーデーなのだが……

日本式に言うと、風薫る五月＝最も過ごしやすい季節を迎えた。しかし、ここチェンナイにおいては五月はhottest、最も暑い時期であり最高気温は40度を超す暑さとのたたかいの時期である。

今日五月一日はメーデーで、インドでも会社やお店はお休みのところが多く朝のビーチも若者でにぎわっていた。しかし日本は残念ながら祝日になっておらず、現職時代メーデーに参加する時は職免扱いだったり、休暇をとって参加ということもあった。私たちは東京・三多摩のうたごえとして、メーデー会場にぞくぞくと集まってくる人たちを歌で迎え、開幕の演奏は「世界をつなげ花の輪に」「晴れた五月」を歌い、閉会の前には「がんばろう」を壇上で歌った。その後パレードに出発する人たちを歌で送るために舞台で1時間以上歌い続けた。メーデーはかつて仕事や組合活動を共にした同僚たちと一年ぶりに再会する場でもあった。

インドに来て昨年はメーデーの日は補習校も休みだったので市内で集会でもあるかと町を歩いたがそれらしきものは見つけられなかった。今年はなぜかアメリカンスクールがお休みにならず。補習校の授業もある。

さて、インドの祝日は年間どんなものがあるか今年度の四月から挙げると

4月14日(土)　タミル暦の新年　今年は何故か補習校はお休みにならず

5月1日(火)　メーデー　今年は何故か補習校はお休みにならず

8月15日㈬　インド独立記念日　前期後半が始まっているが補習校もお休み
10月2日㈫　マハトマ・ガンディー生誕記念日　補習校は秋休み中
11月5日㈪　Diwaliというヒンドゥー教の大事な行事で補習校も4連休
1月14日㈪　Pongalというヒンドゥー教の大事な行事で補習校は冬休み中
1月26日㈯　共和国記念日　補習校もお休み

というところか。

このほか、州によっても祝日があるようだし、タミルの暦を見るとヒンドゥー教にともなう様々な行事や祭りがあるようだがまだよくわからない。

ちなみにインドの学校は4月中旬ころから休みになっていて、6月に次の年度がスタートする。一番暑いこの時期を夏休みとしているわけだ。補習校はアメリカンスクールに合わせているので、6月4日㈪から8月8日㈬までが長い夏休み。しかし、この間補習校の多くの子供たちは日本に一時帰国し、出身校や日本での滞在先の学校にお願いして2～4週間の体験入学をしてくる。

ともあれチェンナイで最も暑い時期を迎え、夏休みに入るまでの一か月間は私たちも体力と気力の勝負。そのためにはよく食べ飲み寝ることだ。

南天竺通信　第76弾２０１８年５月２日

日本のうたごえ全国協議会・元会長　高橋正志氏逝く

日本から今朝がた訃報が届いた。南天竺通信第36弾に「今お薦めの本二冊」で紹介した日本のうたごえ元会長の高橋正志さんが昨日５月１日に、大阪で講演中に動脈瘤破裂で倒れ急逝されたとのこと。１９４３年北海道生まれの享年75歳であった。

高橋正志さんと初めて出会ったのは私の記憶に間違いがなければ、１９８２年６月のＳＳＤⅡ（第２回国連軍縮特別総会）で、日本のうたごえからニューヨークに全国からの代表団85名と一緒に参加した時であった。私は東京三多摩の代表で派遣されたが、その時まだ28歳でうたごえ運動に参加してまだ３年目の若造だった。高橋さんは私より11歳年上だからその時は39歳くらいか。代表団の団長を務めておられたように思う。「おっ三多摩から参加した高橋作次くんか」（その頃は旧姓の高橋だった）と気さくに声をかけてくれ、日本のうたごえの幹事長（その後役職名は会長に変更）になられても会うたびに「作次くん、元気にやっているようだね」といつも声をかけてくれた。幹事長という地道な仕事をしながら全国を歩き、全国各地でのうたごえ祭典の開催を呼び掛けてきた。誰にでも愛される人がらであった。私がこの２月、「うたごえは生きる力」の本を注文した時も、「世界に広がれ平和のうたごえ」と書いて送ってくださった。まだまだインドでの活動の様子を「うたごえ新聞」紙上でお伝えしたかった。残念、無念。

南天竺通信　第80弾　　　　2018月5月9日

箱崎家の一週間の食事メニューと支出から見るインドでの生活　その2　2018.5.02～5.08

※2～3か月ごとの記録を取ることで、我が家の食生活やインドの季節の変化を読み取る。
前回は天竺通信 No.38(2/23～3/1)　箱崎作次の収入は4月から53000Rsにアップ。

	朝食	昼食	夕食	支出 1Rs=2円
5/2(水)	冷凍かつ丼、野菜サラダ(ダイコン、キュウリ、トマト、ピクルス)、マンゴ	おにぎり 温菜サラダ ブドウ、バナナ	エビスープ、ホウレンソウ胡麻和え、とうもろこし、ゆでたまご、ブドウ	タミル語 1000Rs コバイ 495Rs ドライフルーツ 319Rs(300g)
5/3(木)	インド米にエビスープ 野菜サラダ、ドライフルーツ入りヨーグルト	パン、ゆでたまご キュウリとダイコン バナナ、マンゴ	チキンフライドライス、おひたし、いんげん、とうもろこし、	チキンフライドライス　150Rs ニルギリス 562Rs
5/4(金)	チキンフライドライス 野菜サラダ、ドライフルーツ入りヨーグルト	チキンフライドライス、スパゲティ、チーズ、メロン	KFCのチキン、じゃがいも、ナスとピーマンの味噌和え	KFC 235Rs コバイ　505Rs パン　50Rs
5/5(土)	日本米とお茶づけ、チーズと海苔、野菜サラダ、メロン、バナナ、キューイ	作次は職場で弁当 陽子はバナナ、スイカ、マンゴ	秋平でお食事 つぶ貝、ポテト、から揚げ、ラーメン他	秋平で二人で 3200Rs 飲み物　20Rs
5/6(日)	お茶づけ、梅干し、パン、チーズ、野菜サラダ、スイカ、マンゴ	ビリヤニ、カリフラワーの揚げ物、野菜スティック、スイカ	クノールスープ、ホウレンソウ、ウィンナー、とうもろこし	フェニックスモール雑貨 930Rs ニルギリス 540Rs
5/7(月)	インド米にクノール、ドライフルーツ入りヨーグルト	和風スパゲティ、スイカ、マンゴ、梅干し	ケバブ、白菜、いんげん、とうもろこし、マンゴ	コバイ　500Rs しかし、この日は病院で大支出
5/8(火)	日本米、味噌汁、マンゴ ドライフルーツ入りヨーグルト	パン、マンゴ、スイカ、コーヒー	親子どんぶり、野菜サラダ、ホウレンソウ、ブドウ	コバイ　650Rs アポロ病院で 1850Rs

一週間の支出合計　食料品　4027Rs　お酒2300Rs　娘・綾子のお土産パンツ　2000Rs
アポロ病院の診察費・薬代・日本語サービス代　9052Rs　送別会食事代(二人分)　3200Rs
その他　1930Rs　合計　22509Rs(うち40%がアポロ病院通院費用)

※この一週間は、糖尿病の疑いありの高熱が5/7(月)の深夜に出て、アポロ病院で検査・診察・日本語サービスをしてもらったので9052Rsもかかってしまった。それを引いても一週間で13457Rsは使いすぎ。諸々合計しても一週間で10000Rs前後にならないと我が家は旅行に行けなくなる。病院などの緊急事態にも対応できなくなる。ということで支出だけもう一週間記録してみなくては。食事内容で大きく変化しているところのアンダーラインに注目。一か月ほど前に見つけたドライフルーツがおいしくヨーグルトに入れて食べている。マンゴがいよいよおいしい季節になってきた。とうもろこしは私の夜の主食だ。以上。

南天竺通信　第81弾

この一週間はアポロ病院通いの日々

2018年5月10日

外国で暮らす時の一番の心配は、もし病気になった時にどうすればいいのかということだろう。特に体にいろいろなガタがきているシニアにとってはなおさらだし、世界に数多くある日本人学校の所在国の中で不健康地域の一つに入っているインドで暮らすとなれば同行する家族や日本にいる家族の心配もあたりまえだ。幸いにインド・チェンナイには、東洋一を誇るアポロ病院というのがあちこちにあって、補習校の近くにも一つある。昨年4月来て早々、予防注射をここで受けた。5月から11月までの間に4～5回通った。お陰で狂犬病その他の大きな病気にはならずここまできた。ただ6月、夏休みに入ってすぐのこと、朝方高熱にうなされ、これはたまらないとアポロ病院に診察に行った。この時は、エアコンの当たり過ぎによる風邪でしょうということで風邪薬をもらい、それを飲んで三日間くらいで回復した。今年二月に二度下痢に襲われたときは家で静養して何とか事なきを得た。

さあ、あと1年間とりあえずアポロのお世話にならずに済むかなと思っていたところそうは問屋が卸さなかった。5月7日(月)の深夜、突然悪寒がし体もだるい。熱を計ったら37・5度。これは風邪の引きはじめかと、日本から持ってきていた風邪引きはじめによく効く錠剤を飲んで寝る。朝方まだ熱っぽいが仕事には行かなくてはと午前中横になり静養。ランチ後に職場に向かう車の中で計ったら39度を超す。これはやばいと、職場に着いて校長先生に報告しアポロに行くことになった。

カンナンさんが不在で校長先生が同行してくれて診察。日本人通訳サービスの方にもお願いし、詳しい症状と既往症を伝える。熱があるのに喉の腫れはない。咳も鼻水も出ていない。これは風邪以外の原因ではないかと、3年前に急性前立腺炎になったことを話す。それで血液検査と尿検査をやることになり、腹部のエコー検査はこの日は時間無しということで翌日火曜日の午前中に行う。その結果が水曜日に出るということでまた水曜日に行く。その結果は、軽度の前立腺肥大になっていることと、糖尿病の疑いもあるということでまた明日、すなわち本日検査しましょうということになった。今朝は朝食抜きで8時に第1回目の血液検査、朝食後2時間置いてまた採血をということでこれからまた行く。と言う具合に今週はこれで四日間アポロ病院に通う日々。ここまで1000Rsの出費は我が家の家計にとっては非常に痛い。でも病院で出してくれた解熱剤と抗菌剤、ビタミンのお陰で熱は下がって普通に仕事できるようになった。通院も仕事に支障にないようにできた。問題はこの間の検査結果が来週どう出るかということと、ドクターからお酒はやめなさいと言われたこと。お酒なしでは生きていけない日々だったのに。とほほ。

２０１８年５月25日

インニッキ　イエン　ピランダナール

今日は私の64歳の誕生日（タミル語で言うと、インニッキ　イエン　ピランダナール）。インドに来て初めて迎えた昨年の誕生日には、ここのサンライズアパートメントの同僚たちをお招きしてお祝いした。今年は金曜日で、明日は土曜授業だし、その後夜は総領事館主催の教育関係者懇親会もあるので皆さんに集まっていただくのは遠慮した。代わりに妻がゼリーを作って職場に持っていくというが大丈夫か。失敗した場合の予備としてチョコレートは買っておいた。では誕生日の一日を時間を追って記録していく。今日は第1ラウンド。

am２：00　昨夜9時に寝て、この時間に目が覚めたので起きだし仕事をする。今、国語の授業でやっている短歌づくりをお父さん・お母さんも挑戦してみませんか、という呼び掛け文を作成してみたが反応はいかに。あと少し仕事したらソファーに横になろう。

am６：20　ビーチにてお天道様に、箱崎家と皆様の健やかな一年を祈り、日本にメールを送る。帰りに、いつも挨拶を交わすインド人２人に「今日は私の誕生日です。64歳になりました。」と挨拶したら、コングラチュレーションと返してくれた。お歳を聞いたら、65歳と52歳であった。ほんの少しだけれどもタミル語で挨拶し会話できてうれしかった。三重の娘からは「お誕生日おめでとう。お父さんは私の目標です。」という嬉しいメールが届いた。

am10：00　朝食後少し横になっていた。日中はなるべくクーラーはかけず天井の扇風機で涼をとるようにしているが、あまりに暑く体がほてってきたのでクーラーを入れることにした。マリから長野の実家に無事に戻られた天野先生からメールあり。「今年一年も充実した年になります様にと日本から祈っています」とのこと。私が天竺通信を書き続けていられるのも天野先生が楽しみにしていてくれているからだ。もし何年か後に一冊の本になったら、いの一番に贈らなくては。カンナンさんより今しがたメールあり。「今日はtuticorin 問題を支持するために多くの店が閉まっているとのこと。」tuticorinって何か辞書にも出ていないので、今カンナンさんに問い合わせのメールを送ったところだ。調べたところ、Tuticorinはタミルナードゥ州の南の湾岸都市で塩の町。新興工業都市とハブ都市としてウィキペディアで紹介されている。しかし、ここで今どんな問題が起こっているかはわからないので、職場に行ってカンナンさんに聞くか、今日の午後の講演でスリラム氏に聞くとしよう。

am11：00　東京の三多摩青年合唱団より機関紙と今年7月のコンサートのちらしが届く。帰ってきてからゆっくり読むとしよう。では少し早めのランチをとり職場へ。

am12：10　職場に着き、さっそくチョコレートと妻手作りのゼリーを配る。校長先生からは皆様の前で花束の贈呈あり。女の先生だけでいいのに、我々シニア男性もとなると校長先生は年間に六つの花束を用意しなくてはならない。カンナンさんやバルさん含めると八つだ。

pm1：15　スリラムさんをお迎えし職員研修会を始める。テーマは『インドの環境問題と教育制度について』スリラムさんが1時間ほど話し、20分ほど質疑応答の時間も確保。皆さん関心のあるテーマだし、スリラムさんのお話しも日本語で非常にわかりやすかったので、あっという間の学びの時間であった。詳しくはまた別の機会に。

pm7：30～我が家恒例のセレモニーはこれから。以下、紙面の都合により省略。

南天竺通信　第94弾

2018年5月28日

インドの環境対策の現状

5月25日㊎に行われた職員研修会でのスリラム氏のお話しの概要を記す。テーマは「インドの環境問題と教育制度について」で、スリラム氏が1時間ほど話し、途中と最後に質疑応答も挟みながら1時間半ほど行われた。

まずはインドの環境問題とその対策で、私たち日本人がインドで暮らしたり旅行してみて日本との環境の違いで驚くことの最大のものは多分、ごみがいたるところに溢れていることと、水道水が飲めないことは勿論、川の水も海の水もきたないことではないだろうか。

これらの問題を何とかしなくてはと、私がこの間知り合ったインド人の多くは思っているし、実際にライフワークとして取り組もうとしている一人がスリラム氏だ。ここでスリラム氏のことを簡単に紹介すると、スリラム氏は１９７１年生まれの現在47歳。マドラス大学の機械工学科を卒業し、ＩＴ関連の企業に就職。そこで日本語教育を受け１９９４年に国際交流基金の招待で初来日。その後、活動の拠点を日本に移し、大阪や東京のＩＴ企業で２０１４年まで働き責任者も任されてきた。ＩＴ分野で世界で活躍するインド人の典型だ。奥さんもインド人だが二人とも日本語は堪能で、スリラム氏の講演も日本語で行われた。チェンナイに戻ってからは、友人と共に「Kankyo Group of Campanies」を設立し、「ゴミ処理・ゴミからのエネルギー転換、産業廃棄物処理、水処理などの事業を始めたところである。そのスリラム氏のお話しによると、インド政府も今モディ首相のもと、

Clean India Misson(SWACHH BHARAT)として、２０１４年10月から、公衆便所の整備、衛生、ゴミ問題、水問題に真剣に取り組み始めたとのこと。州ごとの取り組み状況も公表されているそうだ。それにしても何故インドではこんなにもゴミか溢れているかと言うと、その人口の多さに比例して年間６２００万ｔものゴミが出ているのに（ちなみに日本は４４００万ｔ余り）未処理のゴミが１９００万ｔもあり、処理されるはずのゴミの多くも山積みとなっているという現実。簡単に言うと、出されるゴミの量に対してその処理が追いつかないということだ。しかしゴミを放置しておくと、それが地下水にしみこみ汚染するし、焼くと大気汚染になるし、病気も発生するということで、インド政府もやっと本腰をあげ始めたという次第。それゆえ、スリラムさんたちが設立したような環境対策の会社がこれからは重要な役割を果たしていくものと期待されているのだ。

水の問題では、政府と州の連携が難しいこと、州間の水争いもあること、川がつながっていないという地形的な問題や洪水で苦しむところあれば水不足に悩むところありという気候的な問題も指摘された。インドを流れている川の水の80％が汚染されているという報告もあるそうで、一番汚れがひどいのが何と聖なる川・ガンジス川とか。２０１５年チェンナイは百年に一度という大洪水に襲われたが、それも本来排水されるべき地形の所に家や工場を建ててしまった人為的な原因も大きいという指摘だった。水の浄化にしてもゴミ処理にしても日本の教訓と技術が大いに期待されている。最後にスリラム氏はガンディーの言葉を紹介してくれたがメモをしてなかったので、いずれスリラム氏にお聞きして記す。インドの教育制度についても、もう少しこちらが勉強してから記すことにする。以上、今回はインドの環境問題について研修した概要を紹介した。

南天竺通信　第104弾

2018年6月10日

夏休み、この三日間の日記より

6月8日㈮　アーダールカード（日本の個人番号カードみたいなもの）の申請に行く

今日は午前中、職場の皆さんとアーダールカードの申請に行ってきた。昨年末から3回行ってもだめで今年度になっての再挑戦。アパートを7：50に出て事務所の前に並び、9時半過ぎに受付番号札をもらい、順番がきたら書類を出して顔写真やら手の指の指紋を撮って11時半頃にやっと終わった。カードが発給されるのは20日後とか。さて今回は大丈夫か。一人一人にこんなに時間がかかっては13億の国民と外国人全員が登録終わるのにいったいどれだけ時間がかかることか。なお、ここで私のパンカードというもう一つ重要なカードの誕生日が3月25日になっていたことが判明。今後何らかの支障が出てこないことを祈る。午後はお昼寝してから社会の小6のプリントづくり。やっと小6の分の教材研究が終わって明日から中学部へ。ではあと少ししたら恒例の散歩&買い出しにコバイに行ってくる。

6月9日㈯　午前中タミル語レッスン　午後は合唱練習に

今日は午前中10時からタミル語の個人レッスン。1年かけてやっとテキストを一通り終え今日から復習と会話に。前回いただいたプリントを2ページ分だけやって臨んだが、会話のタミル語訳が難しい。これくらいの文なら中1程度の英語で訳せるものがタミル語となるととんとできない。1

年かけてやってきたことをすっかり忘れている。毎日少しずつでも繰り返しやっていくしかないなと反省。1時間ちょっとの個人レッスンは辛くなることもあるけれど、再びやる気にさせてくれるのがいい。次回は日本から帰っての7月25日㈬。午後は4時から合唱部の練習。補習校組はほとんどが帰国していて欠席だが、男性5人に女性4人の9人出席。いつもの指導者・石垣さんも帰国中なので代わりに右京さんがキーボードで『やさしさに包まれて』の音取りをしてくれた。その右京さんと鵜木さんが今月で日本に帰ってしまう。6月30日にお別れ会ということだが箱崎二人は日本に一時帰国中なので参加できない。悲しい。女性はこれで妻が一番古いメンバーとなる。何と言うことでしょう。

6月10日㈰　フェニックスモールで映画鑑賞

久しぶりにフェニクスモールで映画を観てきた。8日に公開されたばかりの『KAALA』で、ほぼ満席。なんとなれば南インドでは今もって一番人気の俳優・ラジニカーントが主演を務める映画だから。ラジニカーントと言えば日本では1995年公開の『ムトゥー　踊るマハラジャ』でお馴染みになった。あれから23年経ち67歳となったが、むしろスリムになり、渋みも加わって益々いい役者になった。言語はタミル語で、ほとんどわからないが役者の表情や場面展開で自分の好きなように想像して観るのはいつものこと。どうやらムンバイのスラムを舞台にした、クリーンな街づくりを謳う悪徳政治家とスラムの民衆のたたかいのようで私の血も騒いだ。これで暴力シーンがなければ日本での公開も是非とお薦めしたいところだ。ともあれ、妻も私も久しぶりにインド映画を楽しんで帰ってきたのであった。

南天竺通信　第１２６弾　　２０１８年７月26日

やっと「ガンディー　獄中からの手紙」を読む

インドに来る前に作詞した「天竺の国チェンナイへ」で「ブッダやガンディーの末裔たちにも学ぼう　人はいかに生き世界はどうあるべきか」と書いた私ではあるが、インドで早や1年と４か月近くなるのにガンディーのことをほとんど学んでいない。せいぜい昨年7月にチェンナイのガンディー公園の中にある博物館を訪れたことと、今年3月末にムンバイに行った時に、ガンディーが生活し活動の拠点とした家が博物館となっているので訪ねたに過ぎない。ガンディーの著作も読んでこなかった。それが7月22日に日本国憲法の話をＡＢＫ日本語学校で話をしたことがきっかけとなって、日本国憲法第九条の戦争と戦力の放棄の今日性・世界性をガンディーの非暴力の視点から考えてみてはどうかと思うようになった。そもそも非暴力・不服従運動で独立を勝ち取ったインドが今や世界第4位の軍事大国で核兵器も持っている。今のインドの人々は、ガンディーの思想をどう思っているのか、日本国憲法第九条へのアンケートの反応からも関心が出てきた。そのためには、私自身がガンディーの思想を少しでも学ぶべしと、まず日本から持ってきていた岩波文庫の「ガンディー　獄中からの手紙」をやっと読むことにした。本の題名通り、この本にはガンディーが１９３０年ヤラヴァーダー中央刑務所に収監されていた時に、修道場の弟子たちに宛て書いた15編の手紙（戒律）＋一つが収められている。それぞれが5～6ページ程度なのでそんなに時間をかけないで読むことができる。禁欲・禁酒・嗜欲の抑制・無所有即清貧など私にはとうてい実践できないことも書いているが、1の真理（サッティヤー）と2の愛（アヒンサー）にガンディー思想の根幹と非暴力の原点も語られていて特に重要な章である。ここでは本の最後に訳者・森本達雄氏が「ガンディー思想の源流をたずねて」に書いてある文章からガンディーの非暴力思想の一端を紹介したい。

ガンディーは考える。～政府の強大な権力と軍事力に対して、素手の民衆が肉体的な暴力をもって戦いを挑んでも、強大な武力に勝利することができないのは言うまでもない。暴力に対して暴力ではなく、非暴力、すなわち、精神の力をもって立ち向かう以外に道はない、～と。ここでガンディーの説く非暴力とは、たんに相手（敵）に対して手を振り上げず、物理的な圧力を加えないというだけの消極的・否定的な方法ではない。それは愛と自己犠牲をとおして、相手に己の非を気づかせる。言いかえれば、自己犠牲をとおして人間的良心を喚び覚まし、振りあげた手をおろさせる積極的な愛の行為である。非暴力には二種類ありガンディーの言う非暴力とは「勇者の非暴力である」。それは、相手の非礼や暴力に耐えつつもそれをゆるし、ときには敵にまさる腕力を有しながら、暴力を悪とみなして否定し、悪に加担することを潔しとしないがゆえに暴力の道を退け、非暴力を選択、実践する。ガンディーは言った。「非暴力は人類に託された最大の力である。それは、人間の創意の才によって生み出された最強の武器よりももっと強大である。破壊は人間の法ではない」と。以上「ガンディー　獄中からの手紙」のＰ１３７～１３８より抜粋。ここに日本国憲法第九条の戦争と戦力の放棄と共通するものがある。二つを手掛かりに、私たちはいかに生き、世界はどうあるべきか、今インドに暮らしている人々と共に考えていきたい。

南天竺通信　第１３６弾　　２０１８年８月23日

インドで初の入院体験をすることに

ここまで1年と4か月余り、何回か病院に通うことはあっても授業を一日も休んだことがないのが自分としてはちょっとした自慢だったのに、ここで断たれてしまった。それも何と三日間も休んでしまった。

ことの発端は19日・日曜日の夜、合唱部の練習後に日本に帰国する団員の送別会を日本食レストランでやって家に帰り寝たのが10時頃か。夜中にお腹が猛烈に痛くなりトイレに行くこと十数回。しまいには水便に。朝方には38・5度の熱も出てきて体もふらふら。これはまた食中毒にあたったか、五月の症状がぶり返したか。でもおかしくなったのは私だけのようなので今回は食中毒ではないようだ。もしかして食べ過ぎ、飲み過ぎ？　午前中休んでいても下痢は止まらず熱も下がらず、ともかく職場に行って校長先生に事情を話し病院へ行かせてもらうことにした。行きの車の中で事務局のカンナンさんと、まさか入院何てことにならないよねと冗談で話ししていたのに大した検査もしないうちに即入院ということになってしまった。糖尿病の時も診断してくれた女医のクムダ先生で、病名は下痢に伴う脱水症状とか。これくらいなら別に入院しなくても点滴を2時間ほどして後は家で休めば済むことなのにと思ったけれど先生の診断とあればしかたない。それにインドでの初の入院体験をしてみるのも後学のためと思ったりして。病室は個屋で清潔。トイレも付いているので安心。ゆっくりできそうなのはいいが窓が全然ないのが残念。結局この日は熱も下がらず食欲もなく病院食にほとんど手がでなかった。お見舞に来てくれた校長先生ご夫妻や妻にもぐったりした顔を見せてしまった。夜の10時頃に精密検査をしましょうということでＣＣＵルームに移された。ここは日本で言うところの集中治療室。ベッドに寝かされ右腕には血圧のベルトを巻かれ、左腕には点滴の針を刺され、指には脈拍検査のためのクリップが。体のあちこちには心電図検査の時のようなバッチも取り付けられる。ほとんど身動き取れず一番困ったのはトイレ。何と簡易便器でベットの上で用を足すのだ。後はちゃんと係の人が始末してくる。下痢が大分収まってきたからよかったけど。室内が冷房の効きすぎで寒いくらいなのにも困った。毛布を二つもらって何とか耐えしのいだ。でも点滴の効果か何時間か寝られて朝起きた時には熱も下がり気分も良くなっていた。朝食に出された食パンも1枚半全部いただいた。先生の話では大分回復しているが、ぶり返さないためにも入院はもう少し必要とのこと。皆さんには申し訳ないがしょうがない。結局、昨日と今日の二日分の授業を他の先生にお願いすることになってしまった。明日もどうなるかまだわからない。午後1時に個室に戻ることができ用意されていたランチもほとんどいただいた。ベッドに横になり本を読んだりメールしたりしていたがそろそろ退屈になってきた。今こうして点滴を外してもらって書いているが、点滴をつけていると左手を動かせないので本を読むのにも不便だ。というところがインドでの初の入院体験の中間報告だ。（8月21日　火曜日　pm５：00）

今日も一日病室で安静にしていた。気分は上々。下痢も熱も完全に収まった。昨日の夕食も今日の朝食も昼食もほとんどいただいた。朝食はあいかわらずパンだけだが他は病院食と思えないくらい豊富。これ全部いただいて大丈夫？と心配するくらいだ。チキンも入っていて先ほど先生に話したらそれは食べてはだめとのことだったが、あとのまつり。しばらくは肉・魚・アルコールは禁止のピュアベジタリアン生活を強いられる。

さきほど先生とカンナンさんが来てくれて退院は諸々の手続きもあるので明日の昼過ぎになる模様とのこと。でも何とか授業には間に合いそうだ。もう一晩ここで過ごすとなった以上ここでの残り少ない時間を楽しむことにしよう。ここにいれば部屋は快適だし室温もちょうどいいし、食事は運んでくれるし部屋掃除もベッドクリーニングもしてくれる。新聞の配達サービスもある。看護師さんはベテランから新人までいろいろで時々様子を見に来てくれる。その度にみんなが英語で話しかけてくるので実践英会話の勉強にもなる。とは言え半分くらいわからず聞き返したりスルーしている。英会話の勉強のために三泊四日で三食昼寝付きのホテルに滞在しているようなものだ。これで一体いくらかかるの？一応学校で入っている保険が効くようでカンナンさんは明日その書類作成で大変なようだ。

今日一日起きている時間は、読んでいた「書店ガール」を読了してから、唯一持ってきていた小6の国語教材の「やまなし」の教材研究をしたり、学年だよりの原稿を作成したり、スマホでNHKスペシャルの番組を観て過ごしてきた。そして、ふと考えたことは、もし来年4月からのビエンチャン日本語補習授業校の募集があっても一人じゃだめだな、私一人の単身赴任では食事も健康も心配だし、夫婦の会話も時々の電話やラインだけではつまらないなと思った。私の場合、妻に頼っている部分がかなり大きいのは事実だが、一緒にいて苦楽を共にするからこその夫婦なんだと思った。そんなわけで一人しか募集がないのだったら私もいさぎよく日本に帰り、2名以上の募集があったら夫婦二人で応募して1年間だけ働かせてもらう道がいいのでは、とこの入院生活を通して思うようになった。また変わるかもしれないけれど今はそんな心境だ。（8月22日水曜日 pm5：30）

昨晩は10時半頃に寝て2回ほどトイレに起き3時半には完全に目が覚めた。途中点滴の針が痛くて取ってもらったので自由に手を動かせるのが嬉しい。何時に学校に戻れるのかわからないのでいつでも授業に入れるよう最終チェックをした。明日発行予定の学年だよりも大筋作成した。荷物も大方整理して6時からの第1回目の採血を待つ。その後朝食をいただいて2時間後に第2回目の採血。これは糖尿病のための血糖値がどうなっているのかを調べるためだろう。どうも今回の熱は糖尿病からきたのかも知れない。6月初めにいただいていた薬は飲んだり飲まなかったりで、お酒もまた次第に増えてきていた。夏休みには日本に三週間以上帰国して好きなだけ食べ飲んでいたし。体の中の糖尿病菌（？）が、お前いいかげんにしろと懲らしめたのかもしれない。というわけでお酒はしばらく控える方が身のためのようだ。Oh my God!（8月23日 木曜日 am5：50）

今回の入院であらためて感じたことは、病院で働いているインドの方々がそれぞれの仕事を誠実にやっていることとその温かさだ。言葉は十分に通じなくても心通わせられる温かい人たちだなと思った。そして、より通じ合うためにも、また海外で暮らすなら自分の体は自分で守れるよう、いちいち通訳を介さなくてもいいくらいの英語力の必要性を再認識させられた。これはいよいよ本格的に英会話の勉強も始めなくては。というところで今回の入院体験記を閉じることにする。すみやかに退院できますように。（8／23 am8：20）

結局、退院できたのは午後3時過ぎであったが辛うじて授業には間に合った。

南天竺通信　第139弾　　　　　　　　　　　　2018月9月4日

箱崎家の一週間の食事メニューと支出から見るインドでの生活　その3　2018.8.29~9.04

※2～3 か月ごとの記録を取ることで、我が家の食生活やインドの季節の変化を読み取る。

前回は南天竺通信 No.80(5/2～5/8)　季節の移り変わりと退院後で食生活に何か変化は?

	朝食	昼食	夕食	支出 1Rs=2円
8/29(水)	味噌汁あんかけインド米 野菜サラダ(ダイコン、キュウリ、トマト、オリーブ)、フルーツヨーグルト 野菜と果物のジュース	おにぎり　2個 フルーツ(スイカとぶどう)	KFCのチキン シャオシャオ 野菜スープ とうもろこし ぶどう　お酒セット	アポロ病院薬代 271Rs KFC　237Rs パン　78Rs コバイ　298Rs
8/30(木)	野菜スープとインド米 サラダ、フルーツヨーグルト、グァバジュース	パン、キュウリ、 スイカとぶどう 紅茶	チキンフライドライス、ヘビスープ、ネギみそ、たら お酒セット	チキンフライドライス　150Rs 野菜他　660Rs
8/31(金)	チキンフライドライス 味噌汁、野菜サラダ、 フルーツヨーグルト グァバジュース	ネギスープかけスパゲティ、野菜、 スイカ	ケバブ、トマトスープ、とうもろこし、オクラ、白菜とザクロ、お酒セット	ケバブ　130Rs コバイ 500Rs ニルギリス 700Rs
9/1(土)	トマトスープとコーン入りのインド米、野菜サラダ、フルーツヨーグルト、 グァバジュース	補習校でのお弁当(海老から揚げ、鮭から揚げなど揚げ物中心)	ポテトサラダ、昆布入り白菜、ソーセージ、お酒セット	本日支出　ゼロ ここまで3024Rs
9/2(日)	食パンとチーズ、チョコレート、コーヒー フルーツヨーグルト グァバジュース	カップラーメン 温野菜 トマトスープの残り	イカのバター焼き ワカメとオクラ 温野菜　じゃがいも お酒セット	本日も支出ゼロ
9/3(月)	なめこ汁かけインド米 温菜、白菜とザクロのつけもの、フルーツヨーグルト、グァバジュース	たらこスパゲッティ 白菜とザクロのつけもの、メロン	お好み焼き、温菜 ナスとピーマン味噌炒め、とうもろこし 本日は休肝日	コバイ　596Rs ニルギリス 1831Rs 今日は買い過ぎ
9/4 火)	ふりかけ日本米 なすの味噌汁、野菜サラダ、フルーツヨーグルト トマトジュース	ペペロンチーノ風味スパゲティ、温菜 白菜漬け、ぶどう、 オレンジ	カレーライス 白菜漬け ピクルス 本日も休肝日	パン　72Rs コバイ　182Rs

一週間の支出合計　5705Rsで、ほとんど食料品。今回はお酒代や交流会費がなかったからね。それを入れても一週間何とか8000Rs以内に抑えたい。休肝日二日間に初挑戦。何とか耐えられそうか。健康にいいからとグァバジュースやトマトジュースを毎朝飲んでいる。

インドの消費税（GST）について

インドの消費税はどれくらいですか？と先月日本から来た友人に聞かれたときに、恥ずかしながらうまく応えられなかったので、昨日タミル語のレッスンでマニキルパ先生に毎日買い物に行っているお店のレシートを持って行って尋ねてみた。インドでは２０１７年７月から日本の消費税にあたるＧＳＴ(Goods&Servis Tax=物品サービス税)が導入され、生活必需品の食料品を除いてほとんどの商品とサービスに税金がかけられることになった。但し、物によって税率が違い、ネットによると次のように分類されている。その後聞いた物も含めて

０%………主な野菜、フルーツ、小麦粉、米、豆類、魚、お酒など
５%………加糖されたミルク、はちみつ、サンフラワーオイル、冷凍魚、フライドチキンなど
12%………バター、ドライフルーツ、ソーセージ、ボールペンのインク、ろうそくなど
18%………コンデンスミルク、精製された砂糖、パスタ、アイスクリーム、飲料水など
28%………チューインガム、たばこ、化粧品類など

だから、先日コバイで買ったものはほとんど野菜とフルーツだったのでここはＧＳＴゼロ、12%の税がかかっているのが一つあったがこれが何かは目下不明。この税は国と州に半々に分けられて納められることになっている。レシートには税込みの値段が合計で記され、最後にＧＳＴの内訳も%ごとに合計で記されているが、何に何%かかっているのかはこれではよくわからない。一般的に

は野菜・フルーツ中心の買い物をしているコバイではGSTはほとんどゼロだが、同じ食料品店でもパスタやソーセージ、冷凍のエビやイカ、ソーダーやペットボトルを買うニルギリスの方はGSTがかかるものが多くどうしても高くなってしまう。ちなみに昨日お酒を売っているTASMACに行ったがお酒のGSTはゼロだそうだ。ということはお酒はインドでは必需品?ということでインドの税の一端がわかったので、できるだけ安く済まそうと思うならやはりコバイに限る。ちなみにマニキルパ先生のお宅では一か月の支出はどれくらいですか?とお聞きしたら平均で60000Rsくらいかなとのこと。マニキルパ先生のお宅は奥さんとご主人と中学生の男の子の3人で現代インドの典型的な中流家庭だ。タミル語・英語の先生の奥さんとヨガ教師のご主人の収入と家賃収入で暮らしを立てている。先生のお話しによればインドでは一日100Rs(200円)=月に3000Rsで暮らしている人々もまだたくさんいるとか。我が家の周りにも月に何十万ルピーと思われる豪邸もあれば、ビーチ近くの漁村を歩くと一日どれくらいで暮らしを立てているのかと思われるところもある。そんな中での私たち補習校の教員の生活はインドの中流家庭並みというところか。駐在員の皆さんの生活は私たちとは比べ物にならないことは補足しておく。

さて、私のタミル語のレッスンも昨日で22回目となった。ここら辺で終わりにし来月からは妻のヨガレッスンに切り替えることにしようと思ったが、この間勉強したことをもう一度ノートに整理し直し、ヨガレッスンの前後に30分間だけでも確認と質問の時間をとってもらうことにした。そして毎日の生活の中でも少しでも使うことを心がけていきたい。入院中に決意した英語の聞き取り学習もスマホを活用し少しずつだが続けていきたい。

南天竺通信　第１４１弾　２０１８年９月10日

三十数年前のインドと今を比べて

チェンナイ補習校の図書室には様々な本が収められている。学校で購入したものや駐在員の皆さんが置いていってくれたものだ。子供たちもよく利用しているし、保護者の皆さんもよく借りている。勿論私たち教員も。児童書から小説、学習教材図書、インド関係の本まで様々。妻はお休みの日は一日本を読んでいることも珍しくなく、チェンナイに来たお陰でこんなに本が読めることが嬉しいとまで言っている。今年４月赴任した校長先生の様々な改革の一つが図書室改造で、お陰で随分広くなり使いやすく綺麗になった。

さて今私が読んでいる本が、今から32年前に発刊された「インドの大地で～世俗国家の人間模様～」（五島昭著　中公新書　１９８６年初版）で、毎日新聞の特派員だった五島氏が見た今から30数年前のインドの様子が随所に書かれていて興味深い。現在とあまり変わらぬもの、随分と変わったものと色々あるので現在のインド社会を少しでも理解してもらうために箇条書きでいくつか挙げてみたい。今回はその1。

〇インドルピーと円との交換比率が随分と変わってきている。当時は1ルピー約20円、今は１ルピー約2円だ。インド人の生活水準も変わってきており、インドの階層を収入によって分けた例として、月収１０００ルピー（2万円）以下を低所得者層、１５００ルピーから２０００ルピー（3万円～４万円）を中流層、３０００ルピー（６万円）以上を上流階級としている。下級公務員の月収は930ルピー（18600円）で低所得者層、上級公務員の月収が1200ルピー（2万4000円）で辛うじて中流に近いが、一家の生活を支えるにはこれでも十分でなく、政府から禁止されているにも関わらず多くの公務員が本職の他にアルバイトをしていることが紹介されている。当時の人口7億人の半分が貧困ライン（年収約7万円、月収にすると6000円以下）を下回る極貧の生活にあえいでいるという記述もある。今は日本円にすると12〜14万円くらいの月収が中流層というところか。しかし、一日100ルピー、月に3000ルピー＝約6000円で暮らしている貧困層が依然としてたくさんいることを前回紹介した。

○当時はトイレットペーパーがほとんどなく水と左手で清めていることが書かれているが、これは今のインドもあまり変わらない。私たちの利用するところにはたいがいトイレットペーパーが置かれているが、洗い流すシャワーも必ずついている。トイレットペーパーやティッシュペーパーが貴重品なのは今も同じ。トイレットペーパーが10ロールで300ルピー＝600円くらいで日本のものより小型だが紙質に問題はない。右手だけで食べる食事風景も多くのインド人は変わっていないように思われる。私たちも町のカレー屋さんで右手だけで食べることもあるが、普段家での食事は日本と同じく箸とスプーンを使っている。

○この本の最初の方に、インド人の裕福な家庭や外国人駐在員の家庭では、何人ものサーバント（召使い）やスイーパー（掃除人）を雇っていることが書かれている。料理、洗濯までしてくれるので主婦の仕事はほとんどないことも。今は大分減ってきたようだが、駐在員によっては複数のサーバントを雇っているようだ。勿論、補習校の教員にはそのような経済的ゆとりはなく全て自分たちでやっている。以上、途中まで読んだところで。この続きはまた。

南天竺通信　第１４２弾　２０１８年９月11日

休肝日に挑戦中、そのお陰で……

先週から休肝日を週２日間設けることに挑戦している。今のところ月曜日と火曜日に設定。今日はまだチャレンジ２週目の二日目だが正直なところなかなかしんどい。だって自慢じゃないけど22歳で働き始めてからこの42年間、休肝日など設けることなく飲みたいだけ飲んできた人生だから。しかし、先月四日間入院して皆さんにご迷惑をおかけしたので自分でも反省し決意した。できるだけ長く仕事をし趣味の活動もして豊かな人生を過ごし、お酒もおいしく飲み続けられるためにも、また孫たちの成長を見守っていくためにも、これからはせめて週に二日間の休肝日くらい我慢しなくてはと。月、火の二日間我慢すればまた水曜日から日曜日まで五日間飲むことができる。だけどその量も際限なくではなく、ビールは小瓶で一本、ウォッカとハイボールはグラスに一杯と決めている。お陰様で酒代は大分減ってきたし、飲まない時には食べるのも若干減るので体重も72kgを割るところにきている。体が少し軽くなった分、膝への負担も減り歩きやすくなってきた。といいことずくめなのだが、わかっていてもやめられないのがお酒の魔力。果たしていつまで続けられるか。

インドの我が家での夕食は大体７時40分頃から。ちょうどこの時間からテレビではＮＨＫの国内ニュースと国際報道が９時過ぎまで観られる。日本にいる時よりニュースを観ているかもしれない。特に国際報道が充実している。今日は９・11同時多発テロから17年目とあってニューヨークからの中継が行われていた。あの時、テレビから流れてきた映像には本当にびっくりした。戦争の20世紀が終わって、やっと平和の21世紀到来かと誰もが期待していたその矢先であった。その後、報復としてのアフガン戦争とイラク戦争が起こされ何万人もの血が流された。さらにＩＳなどの国際テロ組織が世界を恐怖に陥れ、今シリアやイエメンでの内戦が激化している。ヨーロッパでは移民受け入れに反対している政党が支持を伸ばしてきている。この間、日本では7月の西日本豪雨に続き、先週には台風21号で関西空港が閉鎖され、北海道では震度7の大地震が起きて40人以上が亡くなっている。だんだん朝の冷え込みが厳しくなってきている中で何千人もの人たちが避難生活を強いられている。北海道最大の火力発電所の再開が遅れ北海道全域で20％以上の節電が求められている。まさに7年半前の東日本大震災の再来だ。そんな中、国内政治を見ると自民党の総裁選が近づき6年ぶりの選挙となるが、現職の首相は憲法九条に自衛隊の明記をと訴えている。再選されればいよいよ本気になって改憲に突き進む構えでこちらも予断を許さない。

一方私の方は、インド人は「世界の平和を維持するために」本当のところどんな考えを持っているのかのアンケート調査をぼちぼちと始めている。まだ身近なインド人４人だけだが、３人は憲法九条は理想だが自衛力は必要と応え、一人は核兵器を含む軍事力で世界の平和は保たれていると応えている。今後もアンケートを少しでも多く集めていきたいと思っているが、どうもこの国では、憲法九条の戦争と戦力の放棄の考えを世界に、が支持を得るのはかなり厳しそうだ。だからと言ってがっかりすることはない。自分と異なる意見に率直に耳を傾けてこそ自分の考えも深められるというものだから。ということで、今晩はお酒を飲んでいないお陰で夕食後もここまで書くことができたという次第だ。以上。明日は飲めるぞ。

三十数年前のインドと今を比べて　その2

２０１８年9月14日

今から32年前の１９８６年初版の「インドの大地で」を読み終え、今のインドと比較してみる２回目。インド滞在歴まだ1年半で、垣間見ているだけに過ぎない者のコメントであることはお許しを。

○ヒンドゥー教徒にとっての聖地・バラナシを私たちも今年６月訪れた。30数年前も今もお祈りや沐浴するヒンドゥー教徒でにぎわっている風景は変わらない。露天火葬場も依然としてある。すぐ側で顔を洗ったり歯磨きしたり、洗濯したり水遊びしている風景も変わらず。このころからでにガンジス川の汚染をくい止めようと環境保護団体が誕生し、電気炉付きの火葬場を設置するよう要求していると書かれているが未だ実現ならず、ガンジスの水はあいかわらず濁り、インドで最も汚染された川の一つとなっている。私たちを案内してくれたガイドさんが、岸辺に「クミコの家」と呼ばれる日本人女性経営の宿屋があることを教えてくれたが、何と30数年前にもあったことをこの本で知った。その時クミコ・シャンテさん（旧姓、佐々木久美子さん）は34歳でインド人と結婚して9年目。と言うことは、もう40年以上インドで暮らしていることになる。彼女がこのインドでどんな生き方をしてきたのか、興味ある方はネットにインタビュー記事が載っているので是非一読を。

○「インドでは女の子を持つ親は大変なんですよ。ダウリと呼ばれる結婚持参金を花嫁の両親が花婿の両親に渡すことになっているので」という話をインドに来て日本人やインド人に何回か聞いていた。このダウリについても、この本で紹介されているし、ネットで調べてみたら、なくなるどころか益々広まっていて様々な悲劇も起きているようだ。〝インドの歌姫〟姉妹のニーラジャさん、シンドゥジャさんもあと数年したらインド女性の結婚適齢期を迎える。その時に備えてご両親はどんな準備をされているのか、これは機会をみて聞いてみたいと思っている。何年後かの結婚式に列席できることも夢見ている。

○この本では最後の章に「コミュナリズム（宗派主義）の嵐」と題して、長く続いてきたヒンドゥーとイスラムの対立のことが実際に起こった数々の事件と共に紹介されている。両宗教の対立はついに二つの国、実際はインド、パキスタン、バングラディシュの三つの国の誕生までもたらしたわけだから相当根深いことは想像に難くない。しかし、ここチェンナイで暮らしている限りでは両宗教の対立を感じることはない。町にはヒンドゥーの寺院、イスラムのモスク、キリスト教の教会もあちこちにあり、時々コーランのお祈りが拡声器を通して聞こえてくる。昨日はヒンドゥー教徒に一番人気のガネーシャのお祭りで、学校も会社もお休み、家族でお寺へ行くというところが多かったようだ。補習校は普通通りの授業であったが、ここで働いている二人のインド人がお祝いのご馳走を持ってきてふるまってくれた。

○この本にはインドのカースト制度についても一章とって書いてあって当時はこうだったのかと色々考えさせられた。では現在のインドではどうなっているのか、インドに来る前から関心を持ってきたところだが正直なところ1年半経ってもまだよくわからない。インド人に直接お尋ねするのもはばかれる微妙な問題なので。来週、インドの憲法について学習する職員研修会を持つ予定なので、そこで講師の方に聞いてみたいと思っているところだ。

南天竺通信　第１４４弾　　　　　　　　　　　　　　　　　　　　２０１８年９月16日

インドの学校教育制度について

「インドの大地で」には、インドの識字率として１９８１年の国勢調査での全国平均が36・23％であることを紹介している。これが30年後の２０１１年には73・０％（男性が80・９％で女性が64・６％）となっている。（急速発展する12億の若い国、インドのことがマンガで３時間でわかる本より）なお、インターネットによる世界の国別識字率（２０１３年国連人間開発報告書）ではインドは75・６％で１３７位だ。チェンナイ補習校で今年３月まで勤務された天野先生の旦那さんが現在、大使館勤務しているアフリカのマリは最下位の26・２％となっている。そのマリの学校の様子を天野先生が送ってくれた写真で見たことあるが、一つの教室の中に子供たちが溢れんばかりに入っていた。「マリでは学校に行きたくても行けない子供たちがたくさんいるんですよ」との天野先生の言葉が識字率からも垣間見えた。そしてインドだが、もうかなり前から多数の優秀なＩＴ技術者を世界に排出しているこの国、彼らはインドの数語の他、英語を自由にあやつり仕事をしている。私がこの間知り合ったインド人は英語は勿論、日本語も流暢に話せる方が何人もいる。その一方では教育を受ける機会のなかったインド国民もまだ多数いることをこの数字は物語っている。

それではインドの学校教育制度はどうなっているのか、この夏の職員研修でスリラムさんから伺った話や吉本校長先生が海外子女教育財団の冊子「海外子女教育」に寄せた原稿、本やインターネットで調べたことから整理してみると大方次のようになっているようだ。

学校年度は、6月1日から翌年の4月中旬までが一年間で、学齢は7月31日を基準日として、1歳半から5歳までが幼稚園、6歳から5年制の小学校に入る。中学校も5年制だが、前半のミドルが3年（これを中学校と呼ぶ場合もある）、後半のハイスクール（こちらは中等学校と呼ばれる場合もある）が2年となっている。義務教育は小学校の5年間と中学校のミドルまでの8年間だ。ハイスクールの上に2年制のハイヤーセカンダリースクールがある。大学入学時の年齢は17歳で日本より一年早い。タミルナードゥ州では、中学卒業時の10年生の3月に共通テストが施行され、合格すれば高校に進学する。不合格の場合は6月に再受験できるが、合格しなければ留年となり、毎年10％ほどが留年している。11年時には高校卒業後の進路を決める共通テストがあり、12年時には大学を決定する共通テストもあるなど日本以上に受験競争が厳しい。そういう背景もあり、インド全体で現在、100万校の公立学校と28万校の私立学校があり、より良い教育環境を求めて私立学校へ進学させる保護者が増えてきているそうだ。私立学校は勿論高い授業料を払わなければならない。今インドでは私立学校がどんどん増えてきていて、私たちの住むアパートの近くにも最近、私立学校が開校した。ただ残念なことに、これまで地元の公立学校や私立学校を視察する機会がなくここまで来てしまった。アメリカンスクールの授業視察も含め、あと半年間のうちに一つでも多くの学校の授業の様子や教育環境を見ておきたい。それには校長先生にだけ任せるのではなく、自分たちの手でも開拓しなければならない。毎年インドを訪れている東久留米の塚田先生たちのグループは、予約なしでも色々な学校を訪問し子供たちや先生方と交流していることを見習いたい。

南天竺通信　第１４６弾　　２０１８年９月22日

インドの憲法について学ぶ

７月にＡＢＫ日本語学校で「日本国憲法にみる日本の政治のあり方」の講演した際に、パワーポイントの英語訳と本番での英語通訳をしてくれたのが日系企業で働いているＩＴ技術者のカマルさんであった。カマルさんと出会ったお陰で、彼の友人で歴史研究家のシーターラーマンさんをお迎えして、９月21日の午後に「インドの憲法について学ぶ」職員研修会を開くことができた。この日は金曜日でお二人とも、ご自身のお仕事があるにも関わらず、私たちのために時間をとって来てくれた。それもボランティアで。本当にありがたいことだ。それではシーターラーマンさんのお話しと私が持っている本やネットで調べたことも加えて、インドの憲法について概要を整理しておきたい。

○インドの法の歴史は２３００年前のアショカ王の時代にさかのぼる。（日本は縄文時代から弥生時代へ入ったころ）アショカ王は仏教を保護した古代インドの王として有名だが、法（ダルマ）による支配を目指した王でもあった。その後、インドには様々な王朝が現れては消え、16世紀からはイスラムのムガール帝国の支配下に、19世紀後半からはイギリスの植民地となり１９４７年の独立を迎えて、やっと現在のインド憲法が誕生することになる。

○憲法起草委員会の議長はアンベードカル氏で、彼は反カースト運動の指導者でもあり、晩年には仏教復興運動を始めたことでも知られている。起草にあたっては各国の憲法を参考にし、例えばイギリスからは議院内閣制を、アメリカからは三権分立や連邦制を、憲法誕生間もない我が国からも最高裁判所の仕組みを参考にしているそうだ。

○インド憲法は１９４９年11月26日に憲法制定議会で成立し、翌年1月26日から施行された。（この日は共和国記念日で祝日）。インド憲法は前文と４４８条と12の付則から構成され、世界で最も長大な憲法と言われている。おまけに毎年のように憲法改正が行われ、現在までに１０１件の修正が承認されている。なぜこんなにも改正が多いのかというと、一つひとつの条文がかなり細かく規定しているので社会の変化に合わせて改正しているのと、そもそも改正の手続きが日本とは違い、国民投票はなく議会だけで決められていることにも改正しやすい要因があるようだ。

○憲法前文にはインドが主権を有する社会主義の世俗的民主国家であり、市民に法の下の平等と自由が保障されていることを宣言し、友愛を奨励している。日本国憲法のような平和主義は掲げていないが、友愛がそれをカバーしているということであった。

○連邦制を採用していて現在29の州と7つの連邦直轄領がある。州に様々な権限が与えられているが、いざという時には中央政府の権限が強い中央集権的な性格だと言われている。

○国家元首としての大統領はいるが、事実上の最高権力者は首相である。国会は下院と上院からなり、下院は定数５４５で任期5年、解散もある。上院は定数２４５で任期は6年である。普通は下院で多数を占めた政党の党首が次の首相を指名し大統領によって任命される。現在のインドはヒンドゥー至上主義を掲げるインド人民党が第一党で、その党首であるモディ氏が首相となって４年目となる。来年は下院の選挙の年であり、モディ政権の一期目の成果が問われることになる。まだお聞きしたいことがいっぱいあったが時間切れでここまででした。

南天竺通信　第１４７弾　　２０１８年９月23日

チェンナイでおいしいものの紹介

昨夜の我が家の食卓には私が大好きで、チェンナイにもこんなにおいしいものがあるよといつか紹介したいと思っていたものがたくさん出たのでこの機会に紹介しておきたい。

〇チキンフライドライス……南インドと言えばカレーのミールスと共にビリヤニという日本で言うところの炊き込みご飯が有名だが、このビリヤニよりもおいしいのが同じビリヤニショップで売っているチキンフライドライスだ。一度食べたらやめられず一週間に一回は買いに行っている。お値段も手ごろで2パックで３００円。これで二人で二食分はもつ。

〇シャオシャオ……きゅうりとリンゴとダイコンを合わせたような野菜で、冷やしたものを細かく切って、わさび醤油で食べると、さくさくしていてまことに美味。これが日本に入ったら爆発的に売れること間違いなし。一個40円くらい。とにかくインドは野菜が豊富で安いので、我が家では毎日新鮮な野菜に塩を少しふって、食材の味を楽しんでいる。

〇イカのバター焼き……一袋に10個くらい入っている小ぶりの冷凍のイカに玉ねぎなどを混ぜてバター焼きにすると美味しい。インドでは普通は生の魚や焼き魚を食べる機会はないが、冷凍のイカやエビ、たらなどは売っている。ただし上記イカでも一袋で４００円以上するので時々食べる程度だ。最近、ＥＣＲという私たちの通勤街道沿いに魚の揚げ物を車の屋台で売っているのを見つけたので時々寄って買っている。おいしいがこれも少ししか入っていないのに３００円くらいで高いのが残念。あー秋刀魚を大根おろしで食べたい。
○とうもろこし……我が家の夕食にとうもろこしの出ない日はないというくらい毎日のように食べている。皮つきのが1本で40円くらいと日本よりはるかに安くおいしい。とうもろこしが世界の三大穀物の一つであるというのが我が家では実感となっている。
○ケバブやタンドリーチキン……この日の夕食には出なかったが、一週間に2回くらいはお肉を食べている。ケバブは２５０円、タンドリーチキンは丸ごとで４５０円、ケンタッキーフライドチキンも４５０円くらいとやはり高め。土曜授業の日はランチにお弁当が提供され、時々牛肉やエビフライも入っていて補習校教員の栄養補給源となっている。
○ドライフルーツ……熱帯のフルーツを乾燥させミックスにしたもので、お酒のおつまみにもいいし、ヨーグルトに少し入れて食べると一層おいしくなる。１００gで２００円くらい。
○ミックスカッシュナッツ……このおいしさも格別だが１００gで２５０円とちょっと高い。
○ごまだんごのお菓子……ごまを黒砂糖で固めただけのものだが、口の中に甘さが広がっておいしい。但し固いので歯を傷めないように要注意。15個くらい入っていて90円。
最近我が家の買い物コースに入ってきたのが街道沿いのパン屋さん。私はご飯党なのであまりパンは食べないが、ここのパンは私でもおいしいと思うくらいだ。４~5個買っても２００円くらいと値段も手ごろだ。飲み物で最近気に入っているのがグァバジュースという具合に、まだまだ私の知らないおいしいものがチェンナイにはあるに違いない。あと半年間でどれだけ安くておいしくて健康にもいいものを探せるか楽しみだ。

南天竺通信　第１４８弾　　２０１８年９月26日

今チャレンジしていること二つ

今チャレンジしていることの一つ目は、インドの学校訪問を近々実現させることだ。通信の１４４弾でも書いたようにチェンナイに1年半近く住んでいるのに、未だインド人の生徒たちが通う市内の学校を訪問することが実現していない。待っているだけではそのチャンスはなかなか訪れない。平日は勤務時間の関係上難しい。そこで、もうすぐやってくる秋休み中はアメリカンスクールや補習校は休みだけど現地校はやっているのではないか、そこがチャンスかもしれないと考え行動に移すことにした。但し、秋休み中は私たちも10／１㈪～３㈬に二泊三日でインド国内旅行を予定しているので、実際は４日㈭と５日㈮しか動けない。ではどうやって訪問校を確保するか。そこで思い浮かんだのがＡＢＫ日本語学校の校長先生。アヌ校長先生にメールして間もなく、スリラムさんがアレンジしてくれますとのお返事が来た。すぐスリラムさんからも連絡が入り、ＡＢＫの二人の先生に学校訪問ができるようお願いしていますとのこと。二人の先生からもその後メールで、今４日と５日にそれぞれ１～２校訪問ができるようアレンジ中ですという連絡が入った。まだ正式な学校名や住所、訪問時間、当日のスケジュールがわからないので、職場の皆さんには10／４と10／５に自主研修として計画していますのでご都合がつきましたら是非一緒に、という案内だけは昨日しておいた。箱崎二人は見学だけでは申し訳ないので、日本の秋の歌のデュエットと私のオリジナルソングの「共にオールを漕ごう」か、新曲の「世界を包もう二つの灯で」を歌わせてもらえないか、できれば「世界の平和をどのようにして実現するか」のインドの若者たちへのアンケートもできるといいなと計画しているところである。

二つ目の挑戦は、2018年度・第1回「むのたけじ地域・民衆ジャーナリズム賞」への応募だ。むのたけじ氏は知る人ぞ知る秋田県横手市出身の偉大なジャーナリストで1915年生まれ。戦前は朝日新聞の記者などで活躍したが、1945年8月に戦時報道のけじめをと朝日新聞を退職し、地元横手市に戻って地域の新聞「たいまつ新聞」を発行し続けた。新聞は1978年の780号の休刊まで発行され、その後も2016年に101歳で亡くなるまで講演活動や執筆活動を続けられた。むのたけじ氏の反骨と地域に根ざしたジャーナリズムの精神を引き継ぎ、今地域で活動している個人や団体を顕彰しようと今年8月に設けられたのが「むのたけじ地域・民衆ジャーナリズム賞」のようだ。勿論、インドにいてはこの賞の存在を知る由もなかったが、この賞の事務局を務めている方が、私がインドに来る前に「九条俳句裁判」で知り合った武内さんという同郷の方で、その武内さんから応募してみないかというお誘いのメールをいただいたのだ。賞の趣旨に該当するような活動をしているわけではないが、この機会にABK日本語学校で5回の特別授業をしたこと、その最後に日本国憲法の話をしたこと、日本国憲法第九条に対するインドの方の感想などもまとめておくいい機会かなと思って書き始めたところである。字数制限がないので今回は書きたいだけ書くことにする。秋休み中の完成、送信を目指して。

おまけに三つ目は、挑戦中の週2回、月・火の休肝日。昨日まで何とか一か月続いた。今晩からまたしばらく飲めるのが嬉しい。そして来週は旅行中なので休肝日もお休みだ。

南天竺通信　第１６１弾２０１８年11月5日～6日

今年のディワリはインド人家庭で一泊のホームスティ体験

インドのお祭りについて記したのは通信の第26弾と第１３０弾であった。その中の一つであるディワリがやってきた。昨年は補習校の秋休みと重なって、タイのプーケットから帰ってきた時にはディワリは終わってしまっていた。今年は時期がずれ四連休となったので、前半二日間はコルカタに行き、後半二日間はチェンナイでディワリを体験することにした。それもインド人のご家庭で。先月我が家に一家で遊びに来てくれたヴェンカーテスさんが今度はディワリの時は我が家に遊びに来てください、よろしければ泊まっていってくださいとお誘いしてくれたのだ。一度は普通のインド人家庭で一泊でもいいからホームスティしてみたいと願っていた私としては二つ返事でお願いすることにした。妻は泊まるのは辞退。コルカタで買ったお土産を手に出発する。

予定より10分ほど早くベンカーテスさんのお家に着いた。ベンカーテスさんはまだお仕事で不在、奥さんのメナカさんと二人のお嬢さん、４歳のアイシュワラちゃん、２歳のサウンドラヤちゃん、メナカさんのお父さんがお迎えしてくれた。挨拶もそこそこに明るいうちにとご近所を散歩。大通りから一歩入ったここには椰子の木が生い茂り田舎の風景がいっぱい残っている。しばらく歩いたら前に訪れた時にベンカーテスさんとバルさんが話していたスシリ・ハリスクールの門前に来た。ちょっと中を覗かせてもらおうと入ったら、管理人室にいた年配の女性がいろいろ話しかけてきて中を案内してくれた。この学校は緑が多くまるで公園のようだ。その中に小学校から高校まで三つの校舎があり４０００人もの児童・生徒たちが学んでいると言う。ヒンドゥー教から仏教、イスラム教の寺院まであり、ここは学びと思索と祈りの場でもあるようだ。お茶までいただいて帰ってきた。（11／５ pm６：30）

メナカさん手作りの、バナナの葉に盛った夕食をたっぷりいただき、食後は先ほど行ってきた学校の中のお寺にお参り。夜の７時から９時までがこの学校の創立者で地域の皆さんから崇拝されているババさんの説法の時間だ。ババさんは70歳くらいか。普段着の格好をしていて親しみやすい聖人のようだ。一人ひとりの挨拶を受けたり悩みを聞いたりしていて、日本人の私たちにも気づいて手招きし、お菓子と絵をくれた。参拝者のいくつかの質問にババさんが応えるというシーンもあった。妻はお迎えの車が来て午後８時過ぎに失礼し私はその後、仕事を終えて帰ってきたベンカーテスさんが子供たちと花火をするのを一緒に楽しんだ。勿論爆竹も。この路地はまるで昭和の日本のようだ。10時半頃には用意してくれた部屋で寝ようとするが、爆竹の音と蚊に悩まされてなかなか寝られず。結局明け方までうつらうつらしていた。５時半に起きだして夜明けの近所を散歩。一家も起きだしてきた。７時にはまたお寺に参拝しババさんのお話しを聞いて来る。今度はヴェンカーテスさんからいただいた赤いシャツと下は金の刺しゅう入りのドーティを身につけて。（11／６ am６：30）

南天竺通信　第１６３弾

２０１８年の11月、12月の主な出来事を数行日記で記す

２０１８年11月1日～12月23日

11月1日㈭　今日から、マニキルパ先生から紹介されたインターネットによる英語のリスニング学習に挑戦することにした。今さらながら自分の英会話力の未熟さを実感して。

11月3日㈯～4日㈰　コルカタへの一泊二日旅行。通信の第１６０弾参照。

11月5日㈪～6日㈫　インド人家庭でホームスティ体験。通信の第１６１弾参照

11月9日㈮　３月のお別れコンサートの構想を練る。通信の第１６２弾参照。路上のインド人修理工の腕の確かさと工賃の安さに感動。カバンのファスナーが材料費込みで３００Rs也。

11月12日㈪　昨日11日は第一次世界大戦終戦からちょうど１００年目にあたり、本日の午後、私たち同様アメリカンスクールを間借りしているフランス校は、生徒たち・保護者たちとセレモニーを行っていた。フランス国歌「ラ・マルセイエーズ」も歌っていた。

11月17日㈯　１・２時間目は来週金曜日実施の社会科見学の事前学習。今年はショベルカーやクレーン車を作っているコベルコ建機に行く。

11月18日㈰　ガヤトリ先生とヴェンカーテスさんがやっている縁日本語学校に行って交流してきた。「世界の平和をどう実現していくか」のアンケートに対して、１の日本国憲法の平和主義を世界に広めることで、というのに16人中９人が賛成してくれたことに感激。来年３月に、ここでミニコンサートをする約束をしてきた。

11月19日(月)　ガヤトリ先生から「タミル人作家の文学作品を日本語訳したいので相談にのってもらえないか」という依頼があり22日に会うことにした。

11月22日(木)　昨日からの雨のため補習校は今年度初めて雨による休校となった。昨年度も社会科見学の前日が豪雨のため休校となり、本番はどうなるかと気をもんだが結局実施できた。さて、明日はいかに。ガヤトリ先生とは予定通りお会いしてお話しを伺ってきた。タミルの著名な作家・詩人であるカンナダーサン（１９２７年～１９８１年）の著作の中から、いくつかの作品を初めて日本語に翻訳し出版するという構想があり、ガヤトリ先生がその選考と日本語訳を担当されるとのこと。私たちは日本の一読者として協力させてもらうことにした。実現したら日本にタミル文学を紹介する素晴らしい機会となる。

11月23日(金)　心配された雨もあがり今年度も無事に社会科見学ができた。小４から中３まで32人の児童・生徒が一台のバスで片道2時間かけてチェンナイ北部の工業団地へ。日系企業の全面的な協力を得ての一年に一度だけの貴重な機会だ。働いているインド人の従業員の皆さんも日本の子供たちが珍しいのか盛んに写真を撮っていた。行きのバスの中で発表会に向けて校歌を何べんも歌ったのも楽しかった。来年もできますように。

11月24日(土)　今日は補習校がお休みだったので、妻の久々のヨガレッスンにお付き合いしてバダッバラニへ行ってきた。私は記録係でヨガの様々なポーズを写真に収めてきた。帰国までに少しでもヨガの極意をラジャルマン先生に伝授してもらって、日本の皆様に伝えたいと妻は必死だ。今晩は同僚の、貴重な牛肉を手に入れてのコロッケパーティに誘われ、これからご馳走になってくる。

11月26日㈪　発表会の準備の関係で初めて小学部1年の校歌練習と絵本の読み聞かせを少しだけした。たった6人だけだがかなりのエネルギーを使った。低学年って大変。

11月27日㈫　ABKトゥリバンミュール日本語学校のバイシュナビ校長先生が来校し、新しい日本語学校のオープニングセレモニー（12／9予定）のご案内をしていった。補習校からは何人かの先生方が出席される予定で、ここから補習校とのまた新たな繋がりが生まれてくることを期待したい。箱崎二人はこの日、お祝いの歌を歌う予定だ。

11月28日㈬　今日は中学部の授業で、放課後には発表会に向けての練習だったが、10人中5人が発熱などの体調不良で欠席。にわかに本番は大丈夫かと心配になってきた。

11月29日㈭　総領事館主催の天皇誕生日レセプションに今年度は補習校教員全員が招かれて行ってきた。ニーラジャさんも両国の国歌を見事に歌い切った。久々においしいお酒とお料理、日本人やインド人の皆様との会話を楽しんだひとときであった。

11月30日㈮　11月も本日で終わり。この一年と八か月、体重は上がったり下がったりだったが、トータルで昨年4月より3kg減り72kg台に。毎朝の散歩と簡単ヨガ、一週間に二日の休肝日が体にいいようだ。でも日本でも続けられるかは自信ない。

12月1日㈯　明日の補習校発表会本番に向けての全学年リハーサルをMC10教室で行う。お休みの児童・生徒も少なくなり、このところ天気も安定してきているので明日は無事に挙行できるだろう。あとは子供たちが全員参加で、心おきなく発表してくれることを祈るのみ。Ⅱ部の忘年会では合唱部で出演したら、後は今年の新人芸チームの発表をビール飲みながらゆっくり楽しむことにしよう。２０１８年もあと一か月となった。

12月2日㈰　朝９時にアパートを出発し、会場のタージコロマンデルホテルへ。まず合唱部のリハーサルをし、次は補習校のリハーサル。本番は３時開始。第Ⅰ部は補習校発表会で、児童・生徒65人が全員参加できたことが何よりもうれしかった。第Ⅱ部は新人芸の発表を中心に大いに楽しみ、たくさん食べ飲んで帰ってきたのが９時頃。長い一日だったがまことに楽しかった。これが２年目の余裕かな。なお、発表会の様子は、12／９の日本語学校の開校式の様子と共に、うたごえ新聞に通信の第１６４弾として送る予定だ。

12月3日㈪　昨日の代休となった今日は、アポロ病院に健康診断を受けに行ってきた。これは昨年度から今年度にかけて学校側が理事会と交渉して得た大きな成果の一つで、教員は一年に一度は定期健診を受けられるようになった。診断内容は日本とほぼ同じだが、胃のバリウム検査はなかった。８時にスタートして終わったのは12時半。朝食付きで４８００Rs。検査結果は明後日聞きに行くことになっている。

12月5日㈬　健康診断の結果、糖尿病関係の数値は８月の退院後とそれほど変わらず、他にコレステロールが高いと指摘されたが、これはインドに来る前からのもの。ということで、インドのこの２年間で特に悪化したところもないし、すごく改善されたところもない。風土と食材の異なるインドで何とかここまで健康的に生活してきたと言えよう。

12月6日㈭　昨日イズミヤ出版より編集原稿が届き目下、校正に取り組んでいる。グラビア写真の編集が素晴らしく、さすがプロの技。本が出来上がってくるのが楽しみだ。

12月8日㈯　中学部授業の後、午後4時からは合唱部の練習。1／20の新年会で歌う新曲「海の声」のリズムが難しい。練習後はIさん、Kさんの送別会。次の日は日本語学校の式典に参加するので、あまり飲まず騒がず声をつぶさないように心がけた。

12月9日㈰　今日のオープニングセレモニーと午後ABKで表彰されたことは通信の第164弾に記す。とても嬉しい一日であった。苦労して（でも楽しみながら）ABKで5回にわたってレクチャーしてきたことが報われた思いだ。さあ乾杯しよう。

12月11日㈫　この間、精力的に本の第一回目の校正に取り組み、今終わった。次の第二回目の校正は冬休み中にじっくり行う予定。一冊の本になるまではいろいろと大変だ。予算の関係上、ページ数を230P前後に収めるために、かなりの通信をカットせざるを得なかったこと、グラビアから補習校の児童・生徒たちの写真を肖像権を考慮して全てカットし、他の写真と入れ替えたことは自らの判断とは言え、まことに残念であった。

12月13日㈭　昨晩はS先生のところに遊びに来た元同僚の方と三人で楽しく話し、飲み過ぎて今朝の恒例の散歩をパスしてしまった。東大和市の中学校で副校長をしている元同僚からメールがあり、来年四月から社会科の時間講師を必要としている中学校がある、とのこと。四月から週に最低9時間は働く道が開けそうなことにほっとしたところだ。

12月15日㈯　天皇誕生日レセプションで知り合った日本からの二人の女子学生とニーラジャさんが補習校の中学部の授業を見学に来た。私は1年生の国語の授業で、「マザーテレサ」を動画で鑑賞する授業に一緒に参加し交流してもらった。只今サイクロン接近中。

12月16日㈰　サイクロンは北に進路がずれチェンナイは風が少し強い程度で済んだ。ただ気温は大分下がり、いつもの半袖では肌寒いくらい。補習校の気温計も25度を示していた。合唱部は新年会に向けて今年最後の練習。その後は送別会と忘年会を兼ねて韓国料理店へ。久しぶりの韓国料理はおいしかった。みんなとの懇談も楽しかった。合唱部の次の送別会は三月で、いよいよ私たちか。チェンナイに来て早々に合唱部に入れさせてもらって練習し、いろいろな舞台に立たせてもらえたことに感謝。

12月17日㈪　今年度職員研修のテーマの一つはW先生が実践している「学び合いの授業」。今日は1年・3年・5年・6年合同で算数の授業を行った。補習校全体のものにしていくには色々な課題もありそうだが、上級生と下級生が学習を通して交流している姿はほほえましく、また6年生自身も喜んで下級生に教えていたのが一番の成果だ。

12月18日㈫　ＡＢＫ日本語学校のアヌ先生からメールがあり、帰国前ミニコンサートを3月3日に雛祭りと合わせてやりましょうとのこと。勿論承諾し、私と妻で1時間ほど歌わせていただくことにした。日本の歌とインドで生まれたオリジナル曲、そして、ここで「ＡＢＫ日本語学校の歌」を披露したいという構想を持っている。冬休み中に佐藤香さんに作曲してもらう予定の詞を紹介する。

大地に根を張って＝ＡＢＫ日本語学校の歌　　※（　）の中は箱崎が歌う時の歌詞

原詩　ＡＢＫ日本語学校の学生と先生　編詞　箱崎作次・陽子

私は（あなたは）大地に　凛と根を張る　果実の木　時間の流れを　静かに　見守り
いくつもの　枝に分かれ　四十年を超えて　根を張ってきた

春には芽吹き　蕾が　花となる　秋には実がなり　種となる
数えきれない　鳥たちが　その実を食べ　翼を広げて
東の空へ　飛んでいく　その先にある　友好の島国では
今　千羽の鳥たちが　夢をはぐくむ　何かいいことあるのと　問われれば（問えば）
あります　心の満足です　と　にこやかに　こたえる
くる年も　くる年も　私は（あなたは）　待っている　ひな鳥たちを

12月22日(土)　昨日は小学部の後期前半の終わりの会であった。子どもたちは今までで一番元気よく校歌を歌っていた。これも発表会の成果だ。三日間、熱が出てお休みしていたHさんも復帰できよかった。子どもたちとは25日間のお別れ。夜は職場の忘年会。昨年、三月末に着任した時に歓迎会を開いてくれた懐かしのレストランだ。恒例のそれぞれの三大ニュースの発表と今回はプレゼント交換も入れ、楽しい一夜となった。これにて幹事のお役目も終了。今日は中学部の授業と終わりの会だが、昨晩早々に一時帰国したご家庭も多く、果たして何人来るのかな。

12月23日(日)　本日の午後便にて一時帰国する。成田到着は明日の朝の予定。来年三月末に本帰国する前に拙書「南天竺通信」を出版し、インドでお世話になった皆さんにも手渡したいので記録はここまでとする。以下、来年四月までの大まかな予定を記す。

12月24日〜1月13日　日本滞在の間にやることはいっぱい。トランクルームからの荷物の引き上げと家の片づけ、テレビやインターネットの設定、合唱団や四月からの仕事先へのご挨拶、教材研究、歯医者、本の再校正、ミニコンサートの伴奏録音、買い物など。

チェンナイに戻ってきての補習校と他の主な予定は
1月16日(水)　後期後半のスタート
1月20日(日)　日本人会の新年会で合唱部の演奏
1月25日(金)〜26日(土)　ザビエルが眠るゴアへの一泊旅行
2月2日(土)　授業参観と中学部授業後にジャパニーズナイトで合唱部の演奏
2月10日(日)　日本人会の運動会
2月22日(金)〜24日(日)　インドの田舎でのホームステイ体験
3月3日(日)　ＡＢＫ日本語学校本部でミニコンサート　3／10と3／17も他の学校で実施予定
3月22日(金)　小学部修了式　翌日は中学部の修了式
3月24日(日)　卒業式　小学部6年生の担任として3人の卒業生を送る
3月27日(水)　本帰国予定
4月20日(土)　14時30分〜16時　国立さくらホールにて帰国報告会&コンサート
　その後、別会場にて希望者による懇親会
次は、うたごえ新聞の新春号に寄稿したものです。

南天竺通信　第164弾　　2018年12月9日

新年の抱負は、インドの魅力を本と講演と歌で伝えていくこと

昨年12月2日(日)にチェンナイ日本人会最大のイベントである大忘年会が市内ホテルで500人以

上参加して行われた。Ⅰ部は補習授業校の発表会で、小学部1年は「あ・い・う・え、・お!」、2年生は「あったらいいな　こんなもの」、3年生は「私と小鳥と鈴と」、4年生は群読「朝のリレーと雨」、5年生は「いろはかるた」、私が担任する6年生は3人で「世界の平和について考える」の意見発表をした。中学部は三学年合同で先生方も加わり、「COSMOS」と「明日への手紙」を合唱。インフルエンザやデング熱が流行り始めていた時期だが幸いに全員参加で、どの学年もそれぞれの特色を生かした発表となりほっとした。Ⅱ部はチェンナイ合唱部が2曲歌い、昨年チェンナイに赴任した新人たちが5チームに分かれて12分間の芸を競う新人芸で大忘年会は最高潮に達した。

12月9日(日)にはABK日本語学校の11校目の分校のオープニングセレモニーに、補習校の先生方と行ってきた。校長先生はやむを得ぬ用事のため出席できなかったので、「是非これからも、お互いに教え合い、学び合える関係になりましょう」とのメッセージを代読した。スピーチの後は、学生さんによるバラタナティヤムの踊りがあり、日本側からは妻が「さくらさくら」を、私はオリジナル曲の「共にオールを漕ごう」を歌いお祝いに替えた。最後はみんなで記念写真を撮ってセレモニーを終えた。

午後からのABK日本語学校の先生方の総会では、昨年ABKのために貢献した日本人として箱崎二人が他の二人の方と共に表彰され身に余る光栄であった。

帰国前の三月には、お世話になったインド人や日本人の皆さんを前に、お別れコンサートをすること、帰国したらインドの魅力を四月出版予定の拙著「南天竺通信」やオリジナル曲の紹介を含む講演で日本の皆さんに伝えていくこと、これが新年の抱負である。

Ⅱ　チェンナイ補習授業校や仕事に関すること

南天竺通信　第1弾

インド・チェンナイでの仕事がスタート

２０１７年４月４日

インド南東部の大都市チェンナイ（元マドラス）での仕事が始まった。私が勤務するチェンナイ補習授業校は世界に２２０以上ある補習授業校の中で、たった４校しかない準全日制補習授業校である。普通、補習授業校というと、海外で暮らす日本人の子どもたちが、平日はインターナショナルスクールか現地校で学び、土曜日だけ少しでも日本と同じ教育を受けるために補習授業校に通うものだ。しかし、ここチェンナイの補習授業校の子どもたちは、平日は7時間目までアメリカン・インターナショナルスクールや他のインターナショナルスクールで勉強してから、アメリカン・インターナショナルスクールと同じ敷地内にある補習授業校に移動してきて2時間、国語・算数・社会・理科を勉強する。トータルすると朝8時半から夕方6時近くまで勉強していることになる。それも小学1年生の4月早々から。中学生たちは平日はアメリカン・インターナショナルスクールで勉強し、土曜日だけ補習校にやってきて午前・午後合わせて6時間勉強する。それだけでは足りないので今年度は月に2回水曜日の午後を中学部の授業に振り替える予定だ。そんなわけで「チェンナイ補習授業校の子どもたちは世界で最も勉強している子どもたちだ」と、校長先生は折に触れてお話しされているが決して誇張ではない。

チェンナイは自動車やＩＴ関連の日系企業が多いようで、単身赴任の方もいるがけっこう家族で一緒にという方も多く、現在補習授業校には小学生49人、中学生15人が通ってきている。全部単式学級で、文部科学省派遣の校長先生の他6人の教員は私と妻も含め学校運営委員会の採用。それゆえに担任も教科も分掌もこの人数で手分けしてやらなければならない。ちなみに東京都の中学社会科教員として退職まで38年間やってきた私は、この歳で初めて小学部4年生の担任だ。中学部では中学1年生の担任でもあり、先日の入学式では久々に担任として入学生を先導し呼名するという栄誉を得た。授業では社会科の他に国語と理科も担当することになり目下教材研究に追われている。土曜日は丸一日出勤だけれど、平日の仕事は12時半出勤、18時退勤と限られているから教材研究の時間はたっぷりある。ハードな環境の中で生活し勉強している子どもたちが補習授業校に目をキラキラさせて通ってくるように私も微力ながら尽力しなければと思っているところである。

南天竺通信　第6弾　　２０１７年6月7日

チェンナイ補習授業校は早や夏休みに

チェンナイ補習授業校は日本の学校より1か月半ほど早く夏休みに入った。それも8月初旬までの2か月間ちょっと。日本では考えられないことだが、これは施設を間借りしているアメリカンスクールに合わせたもの。この間、子供たちの多くは日本に一時帰国し、それぞれの故郷の小・中学校で2～4週間ほど体験入学してくる。ここで本帰国の子供たちもかなりいて、全校の児童・生徒の１／３から１／４が入れ替わる。私が担任している小学4年生は9人のうち2人が帰国し、１人はインドの他の地域に転校していき、夏休み明けには新たに3人迎える予定だ。中学1年の方は3人のうち1人が帰国し、今のところ新たに入ってくる生徒がいないので2人に減ってしまう。学年によってはクラスの半数以上が入れ替わるというところもある。これはアメリカンスクールの新年度が夏休み明けに始まるので、日本の企業もそれに合わせて家族連れの駐在員を派遣することが多いためのようだ。日本企業の進出途上にあるチェンナイだが、最近は単身赴任が多くなってきている。私が所属している合唱部の団員もほとんどが単身赴任者だ。子どもたちがインドで生活し日本と同じように勉強する機会を得るというのは補習授業校があってもなかなか厳しい。おまけにアメリカンスクールと補習授業校の授業料もばかにならない。一時は90人を超えたこともあるというチェンナイ補習授業校の児童・生徒数は目下60人台で経営も厳しくなってきている。我々教員に対しては給料の削減こそまだ出ていないが、コピー機の節約とか昨年度は教員6人で3台使えた車が4月からは2台になったという影響が出ている。(その後また3台に復活)

子どもたちの入れ替わりが激しいと教育内容やクラス経営がそれだけ大変になるが、私たちがやることは本校に入学してきた全ての児童・生徒たちに、いずれ帰国した時に日本の学校でスムーズに生活し勉強できる力を身につけてもらうことしかない。

というわけで、この夏休みは私たち教員にとっても、この二か月間インドの慣れない環境の中で生活し仕事してきて疲れた体と心をリフレッシュし、夏休み明け以降の授業の教材研究と、現地理解のための研修の大事な時間となる。

ちなみに我が箱崎家はインド国内外をいくつか歩き現地理解を深めると共に、日本には関空経由で帰国し、三重にいる娘のところに一週間ほど滞在してリフレッシュしてくる予定だ。
では夏休みの研修編は次の通信で。

補習校の発表会と新人芸のこと

南天竺通信　第21弾　　２０１７年12月４日

７００人の会員を擁するチェンナイ日本人会主催の最大の行事である大忘年会が５００人もの参加で市内のホテルで開催された。ここでの忘年会は日本でのものと大分違う。Ⅰ部は補習授業校の発表会。Ⅱ部は大人の芸能大会とでも言うべき、今年チェンナイに来た新人たちの芸の発表がメインになっているのだ。さてⅠ部からその様子を簡単に紹介する。

Ⅰ部　補習授業校の発表会

日本の学校の学習発表会にあたるものだが、今年は準備を始めたばかりの10月中旬に二人の教員の欠員が生ずるという緊急事態の中で一時は発表会の取りやめも検討されたが、厳しい時こそみんなで乗り越えて参加しようと2学年合同での発表とした。最初に出演した1・2年生は、「子どもの世界」と題して「大きな歌」「おもちゃのちゃちゃちゃ」「さんぽ」を手作りの鳴り物やポスターを使って元気いっぱいに歌い、大きな拍手をいただいた。３年生は「日本とインドのことわざ」を、私が担任している４年生は、夏休み前の国語の授業から生まれた『チェンナイ補習授業校で学ぶわたしたち』（作詞　チェンナイ補習授業校４年生と箱崎作次、作曲　佐藤香）をせりふと歌で、元気な３年生も加わって20人で、とても明るく時にはしんみりと感動的に歌い上げた。「出会いと別れも数多いけど、それでもわたしたちはここが大好き」と歌う子供たちの歌声に、会場のあちこちで涙する大人たちの姿が見られた。５・６年生は「お米の歴史と今」を自分たちで脚本から映像まで作り演じてさすが高学年と感心させてくれた。中学部は生徒９人と現在中学部の授業の応援に入っているお二人も入って先生方７人で「翼をください」をアカペラで三部合唱、２曲目は「地球星歌」を伴奏入りで三部合唱。月から金まで授業がある小学部と違って中学部は基本、土曜日しか授業がない。数少ない練習回数であったが、３年生を中心に進めてきて迎えた本番。中学生たちの爽やかな歌声に大人の声がミックスして会場は大きな感動に包まれたのであった。

Ⅱ部の新人芸の発表

Ⅱ部はチェンナイ合唱部の新人たちへの励ましの歌「怪獣のバラード」で始まった。箱崎二人は次の新人芸のトップ出演のために舞台衣装に着替えていたので袖で歌った。そして迎えた新人芸。今年チェンナイに来た新人たち２００人ほどが六つのチームに分かれて12分間の時間制限の中で芸を競い合う。昨年のＤＶＤを観ると、どのチームも中にダンスや合唱、合奏を挟み、ストーリー性にも優れたものが優勝している。我がＥチームは、日印の教育と文化交流をテーマに、芸と日印のダンス、そして最後は箱崎陽子の指揮で「あの鐘を鳴らすのはあなた」を熱唱した。私も前半部分をソロすることになり、子供たちや保護者もいる中で歌うということで大いに緊張したが何とか大役を果たせてほっと。10月末から毎日曜日、いい大人たちが集まって練習を積み上げてきた結果は残念ながら優勝とならなかったけれど、新人芸のチームメイトとの交流は今後も何かにつけ続きそうだ。チェンナイに来たからには新人芸には何をおいても出なさいという前任者たちの申し送りが、体験してみてやっと腑に落ちたのであった。そんな大忘年会も無事に終わって、年が明けたら今度は1月下旬の新年会。ここでも合唱部は新曲を歌うということでさっそく練習に入るところだ。

2018年3月19日

南天竺通信　第47弾

補習校の卒業式

チェンナイ補習授業校の平成29年度卒業式は3月18日㈰、アメリカンスクールのマドラスホールを借りて挙行された。今年度の卒業生は小学部8名、中学部6名の計14名。それぞれ父親のチェンナイ赴任に伴い一緒にやってきて、アメリカンスクールと補習校に通い勉強してきた。チェンナイでの生活は平均2～3年間だが、中には小学4年の途中でやってきて中学校を卒業という5年以上にわたる生徒もいる。異国の地での厳しい環境の中での生活や学習、様々な人々との出会いと別れを胸に巣立っていった。

私は司会を担当したので補習授業校の卒業式の流れを簡単に紹介しておく。ちなみに日本で卒業式や入学式の司会と言えば普通教務主任か副校長が担当するものだが、補習校にはそのような職の教員はいないので、私が中学部の責任者ということでやることになった。開式の後は、国歌斉唱、インド国歌、校歌斉唱と歌が3曲続く。「君が代」は、日本がいつまでも平和で栄えるようにという意味の歌です、と事前の練習で説明した手前、私もしっかり歌うことにした。「インド国歌」は入学式の時は歌を聴くだけだったが、この一年間の間にチェンナイ合唱部で四部合唱で歌う機会があったので、今日はメロディーラインをCDに合わせて歌った。会場からも歌う声が聞こえてきた。歌っていいのか迷った人もいると思うので入学式では「インド国歌。ご存じの方は歌に合わせてどうぞ歌ってください。歌詞は入学のしおりに掲載してあります」とアナウンスしようかと思う。卒業証書授与のあとは学校長式辞、学校評議員会・評議委員長挨拶、在チェンナイ日本国総領事館・総領事の祝辞と続く。学校評議会・評議委員長の谷口さんが原稿なしで卒業生たちに話したことが心に残った。「皆さんがお父さん・お母さんの年になるころには、インドがアメリカや中国を抜いて世界一の大国になるでしょう。その時にはチェンナイの大学に留学する、というのが日本の子供たちの憧れになるでしょう」と、子供たちに大いなる夢を抱かせるお話しをされたのであった。続いて在校生のお別れの言葉・歌。歌は「グッデー・グッバイ」で、日本の小学校ではよく歌われているようだが、私はここに来て初めて歌うようになった。簡単で親しみやすく、初めて歌う子供たちもすぐ覚えてしまった。続いて卒業生の別れの言葉と歌。歌はお馴染みの「旅立ちの日に」。少人数でもしっとりと歌った。来年度、私が担任する6年生は目下4人。中学3年生は1人いるかどうかだ。もしかしたらメロディーだけになってしまうかもしれない、と来年のことを考えているうちに閉式となった。この間約50分。日本の中学校だと卒業証書授与だけで40分ほどかかるので全体で約1時間半程度か。卒業式の頃はまだ肌寒く、体育館の隅々にストーブを置いてという時もあった。

ここはもう日中は30度を超す暑さで、エアコンをガンガンかけての卒業式だ。式の後、ここで補習校を去る先生方との「お別れの会」が保護者会主催で行われた。早や1年後には私と妻もその場に立つことになる。その時は日本に帰りますという挨拶か、はたまたどこその国の学校で働きます、という挨拶になるか?最後に全員で記念写真を撮って無事に終了。卒業学年の先生方は、子供たち・保護者との茶話会に出かけ、夕方からは職員の送別会をしてお別れをしたのであった。

南天竺通信　第57弾

平成30年度入学式が無事挙行され、結団式も和やかに

2018年4月10日

チェンナイ補習授業校・平成30年度入学式は4月8日(日)に挙行された。入学式に先立って着任式があり、今年度着任された吉本卓校長先生と三人の先生方が紹介された。校長先生は前日土曜日の午前2時過ぎにチェンナイ空港に到着し（私も事務方のカンナンさんとお迎えに行ったが）ホテルで休まれて、お昼からは職員打ち合わせと会場準備に午後5時頃までかかり、この日を迎えるという強行スケジュールであった。なぜこのような強行スケジュールになったかと言うと、文部科学省での辞令伝達が4月5日(木)に設定されていたためだ。今年度は校長先生交代の年にあたり、3月20日から4月6日までは校長不在だったので残った私たち職員3人は何かと大変だった。それでもこの1～2年間の経験を生かし、新校長ともメールでやりとりし何とかこの日を迎えることができた。

新しい校長先生は身長、体重は私と同じくらいだが、なかなかの男前。外見もりっぱだが、キャリアも素晴らしい。私がフランクフルト日本人学校に勤務していたちょうど同じ三年間にワシントンD.Cにある補習校で勤務され、２００８年からは四年間シンガポール日本人学校の校長先生もされてきた。在任中には東アジア・東南アジアの在外教育施設のまとめ役も務められてきた実力者。その一端は土曜日から昨日月曜日までの三日間一緒に仕事をしただけでも垣間見ることができた。着任式・始業式での挨拶、入学式での式辞は勿論、着任後のハードスケジュールにも関わらず意欲に溢れている。まずは職員室の整理をし、ホームページをもっとビジュアルのものにし、先生方とも情報を共有しましょうと意欲的だ。この校長先生のもと、これから一年間どんな補習校をつくっていくか楽しみになってきた。

入学式は、開式の言葉の後、二つの国の国歌、校歌、新入生呼名、式辞、来賓祝辞、祝電披露、在校生歓迎の言葉と歌、新入生の自己紹介と続いて45分ほどで終わった。今年度の新入生は小学部6名、中学部5名の計11名で、在校生と合わせると全校生徒63名でスタートすることになった。私は卒業式に続き、司会の大役を務めることとなったが、これも今回で終わりだろう。なぜなら今年度の卒業式では私は卒業学年を担任しているから。

入学式の片づけをしお昼からは秋平のベラチェリ店で、補習校スタッフ9人全員揃っての歓迎会と結団式。おいしい料理を食べ、ビールを飲み、日本語や英語やタミル語で自己紹介をし合ってとても楽しい会となった。ここでも私は司会役。今年いっぱいは親睦会の幹事を担当することを宣言した。とにかくチームワークのいい職場からはいい教育活動が生まれる。この点でも新しい校長先生と私は一致。これから何かと飲む機会が増えそうで嬉しい。

南天竺通信　第63弾2018年4月19日

チェンナイ補習授業校でシニア教員が働く魅力

チェンナイ補習授業校で働いて2年目に入った私の実感から今回は「チェンナイ補習授業校でシニア教員が働く魅力に」について箇条書きで書いてみたい。いつかこの文章を見たシニア教員が一人でも多く、私もチェンナイ補習授業校で働いてみようかな、と思って志願してくれるように。

①日本では経験できない小学校と中学校の両方の担任ができること。チェンナイ補習授業校は現在、各学年制をとっていて教員は小学部なら1年から6年まで必ずどこかの担任を持つことになっている。私は東京都で38年間中学校の担任しかやったことないのに、ここに来て初めて小学部4年生を担任し、国語・算数・社会・理科を教えることとなった。今年度は6年生の担任だ。同時に中学部の担任も一年目は持つことになっている。昨年度私は中学部1年生を担任し、今年度は中学部の統括というまとめ役をやることになった。小学生と中学生の担任を同時に持てる、これは現役を引退し担任を持つことがなくなったシニア教員にとっては、再び現役教師として児童・生徒たちと触れ合うことができる大きな魅力である。

②上記と関連して、今までやったことのない教科も担当し子供たちと共に学び合うことができるこ

と。小学部担任の4教科の他、私は昨年度は中学部1年の国語と理科、2年の社会を担当した。今年度は1年の国語、2年の社会、3年の理科と中学校の社会しかやったことのない者が、国語・理科も担当している。自分のはるか50年前の中学校時代を思い起こしながら、まずは自分が勉強し直しているのが現実だが、新しい発見が日々あっておもしろい。

③少人数教育の魅力と生活指導はほとんどないこと。今年度の各学年の児童・生徒数は小学部が4人から15人まで、中学部は1人から5人なので、一人ひとりに目が行き届く。つまずいている子の学習支援も丁寧にできる。日本の30人以上の学級とは段違いだ。子供たちも仲が良く、いじめ問題や生活指導上の問題はほとんどない。

④適度な分掌・勤務時間と教材研究の時間が十分に保障されていること。私の分掌はこの二年間、中学部の統括と研修担当、式典担当の他にあと少しあるだけ。式典担当のお陰で日本ではやったことのない卒業式・入学式の司会までやった。委員会活動も部活動もなく、私たちの勤務時間は平日は午後2時から午後6時まで、土曜日は午前8時20分から午後3時20分まで。授業は平日は2時間だけ、土曜日は6時間、うち持ち時間は3～4時間なので、自分の教材研究の時間がたっぷり持てる。以上、チェンナイ補習授業校で働く魅力を少しでもお伝えできただろうか。

南天竺通信　第89弾

これからは職員研修が目白押し

2018年5月21日

チェンナイ補習授業校は先週で個人面談が終わり、夏休みまで2週間となった。一年前の私たちもそうだったが、特に今年度赴任された先生方の夏休みを待ち望む気持ちは相当なものだろう。慣れない土地で、そして一番暑い時期に、あまりにも初めてのことが多く、月から金はたったの2時間の授業とは言え、その準備も大変だ。それに土曜日は中学部の授業が6時間あるのだから。夏休みは私たちのエネルギー回復と充電の貴重な機会である。そして教育力を高める自主研修の機会でもある。そこで、職員の研修担当としては、これから様々な研修計画を立てて皆様にご案内をしているところだ。日程順に紹介すると

5月22日㈫　職員の一人・W先生による『学び合いの』の研修会
職員打ち合わせ後に1時間ほど　MC10教室にて
5月25日㈮　スリラム氏をお招きしての『インドの環境問題と教育制度について学ぶ』
　　午後1時半から3時まで　MC10教室にて
以上二つは必修研修で、次は自主研修のご案内

その1　『タミル語体験レッスン。タミル語の基礎の基礎を学ぼう！』
○実施日　2018年5月30日㈬　午前10：30～11：30
○場所　Vadapalani　アパートメントから車で約1時間

○講師の先生　Manikripa（マニキルパ）先生　『タミル語で話しましょう』の著者
○受講内容　タミル語の文字の書き方と読み方、基本的な日常会話を中心に
○受講料　先生の受講料は1時間1000Rsなので参加した人数で均等割り

その2　『ヨガ体験レッスン。ヨガの歴史、心に触れよう！』

○実施日　2018年6月6日(水)　午前10：00〜12：00
○場所　Vadapalani　アパートメントから車で約1時間　上記と同じ場所
○講師の先生　ラジャルマン先生　（マニキルパ先生の夫）
　※ラジャルマン先生は英語でお話しされるので、日本語通訳をマニキルパ先生にお願いします。
○受講内容　ヨガの歴史、ヨガとは何か、ヨガの基本など
○受講料　一人1000Rs

そしてこのほかに
6月3日(日)　自主研修旅行第2弾『ヒンドゥー教の聖都・カーンチープラム研修』があり
7月22日(日)　ABK日本語学校での『箱崎作次による日本の憲法と社会のレクチャー』
7月27日(金)〜28日(土)　自主研修旅行第3弾『フランス風の町・ポンディチェリー　一泊研修』と目白押しだ。こういう企画を組むのは私の得意とするところで、今年度は校長先生が全面的にバックアップしてくださるから、こちらもさらに意欲的になるという次第だ。

アメリカンスクールの卒業式と補習校の前期前半の終わりの会

２０１８年５月31日

本日は初めてアメリカンスクールの卒業式に参列する機会を得た。ことのきっかけは昨日のこと。補習校の授業にやってきたO君に、「明日はアメスクで僕たちの卒業式なんだけど、先生見に来る？」と尋ねられた。５月31日は補習校の小学部の前期前半の終わりの会で、アメリカンスクールの卒業式のことは全然頭に入っていなかった。日頃アメリカンスクールの授業見たいね、なんて言っているくせに大事な儀式のことは忘れていたのだ。それに昨年度もそんな機会はなかったから。これはチャンスとさっそく職員室に戻り、校長先生にその旨を話すと校長先生も乗り気でカンナンさんにアメスク側との交渉をお願いする。結論はすぐ出てOkayに。せっかくの機会だからと補習校の教員７人全員分の許可を得てくれた。

かくして迎えた本日。少し身なりを整えて会場のアメリカンスクール４Fの大ホールに。８００人くらいは入るりっぱなホールでグランドピアノも置いてある。これはちょっとしたコンサートも出来そう。さすが一年間一人当たり３５０万円もの学費を徴収しているというアメスクだ。ステージには鉢花も並べられている。式は学校側代表（校長先生かな？）のスピーチの後、卒業生全員による歌。本日の卒業式はエレメンタリースクールの5学年を終えた子どもたちの卒業式で補習校では6年生にあたる。私のクラスからは前述のO君と昨日風邪気味でお休みしていたHさんも今日は元気で壇上に。次は日本の卒業証書授与にあたるもので、卒業児童一人ひとりがステージに上がり担任の先生から、ここが頑張ったところと紹介され卒業証書を受け取り校長先生と記念写真を撮る。一クラス13～15人で4クラスあり、圧倒的に多いのは韓国人。次はアメリカやヨーロッパの白人系、そしてインド人や日本人、その他の地域というところか。証書授与の後は、韓国人の女の子が5人グループでヴァイオリンとチェロの演奏を2曲届けてくれた。最後にミドルスクールの校長先生(?)が8月からはミドルスクールへようこその挨拶をして1時間ほどで終わった。期待していたアメリカ国歌もインド国歌もなかったが、肩ひじ張らない気楽なセレモニーであった。声かけてくれたO君に大いに感謝しなくては。そうでなければ一生アメリカンスクールの卒業式を見る機会などなかったかもしれない。ホールに出てきたO君とHさんにおめでとうを言って写真を撮ったので、これは前担任の天野先生に送ろう。

補習校の方は本日1時間目が授業で2時間目が小学部の前期前半の終わりの会。1時間目は国語の授業で、ここで転出することになったO君とSさんのお別れ会も入るが、二人には国語の意見発表で「日本とインドがよりよくあるために何をお互いから学ぶといいか」のテーマでスピーチしてもらう予定。前回の4人の意見交換会では、インドが日本から学ぶことはいっぱい挙がったが、日本がインドから学ぶことは極めて少なかった。インドでの生活が長く現地のインター校でも学んできた二人がどのようなスピーチをするか楽しみだ。

補習校を6時に出ていったんアパートメントに戻り汗を流した後は、補習校スタッフ9人に校長先生の奥さんも入っていつものビーチレストランで納め会。今晩も楽しい会になるよう司会・進行役がんばるぞ。但し飲み過ぎには今日も要注意。

2018年8月8日

日本では考えられない理由で今日は突然のお休みになった

ここインドでは日本ではあまり考えられない理由で会社や学校が休みになりお店も閉まってしまうことがある。昨年度の10月31日㈫と11月3日㈮は大雨による道路の冠水で交通難となり二日間休校となった。これは日本でも台風や大雪で休校になるのと似ている。ところが今日はこんな理由で休校となってしまうのかという話だ。それは少し前から話題にはなっていて、それがいつの日になるかとみんな気にしていたことではあったが。

私たちが住むチェンナイが州都となっているタミルナードゥ州の知事（首相）を5期も務めたことのあるカルナーニディ氏が昨夜ついにチェンナイの病院で亡くなったと発表された。ネットで調べてみるとカルナーニディ氏は１９２４年生まれの94歳。若い時にはタミル映画の脚本家として活動しこの地域の元々の先住民であるドラヴィダ人の復権を訴える脚品を多く書いた。ドラヴィダ人の地位向上と社会の貧困層に対する社会的・経済的改善を求めて１９５６年に結成されたドラヴィダ進歩党(日本ではドラヴィダ進歩同盟と表記されることが多い)の結成メンバーの一人となる。党内で徐々に地位をあげ１９６９年からは党首として半世紀にわたり同党を率いてきた。州議会選挙で与党となった時期には州知事（首相）を5期も務めた実力者である。昨今は同党から１９７２年に分かれた全インド・アンナー・ドラヴィダ進歩党が勢力を伸ばし、前知事は同党党首で映画女優出身のジャヤラリタ氏であった。ジャヤラリタ氏は社会の貧困層に対する手厚い政策を次々に打ち出し、例えば「アンマの食堂」と呼ばれた昼食を3ルピー（5円）で提供する食堂の設置など、広く大衆に愛された。私がチェンナイに来る前の年の２０１６年12月5日に68歳で亡くなった時には、その死を悲しみ後追い自殺した人が４７０人もいたというようなことがネットに残っている。会社・お店の多くが休みとなり補習校も３日間休校となっている。ジャヤラリタ氏の肖像画やポスターは今でも「アンマ」の愛称のもとチェンナイの町のいたるところで見られる。一方、カルナーニディ氏のポスターはたまに目につく程度である。しかしその死を悼む人々が集まって暴動にもなりかねないということであちこちに警察が配備され、交通困難も予想されることから今日は多くの会社やお店がお休みになっていることを先ほど確かめてきた。それに合わせて補習校も今日はお休みとなったのだ。日本では昭和天皇が亡くなった時に随分自粛ムードが広がったが1月7日のことで学校はまだ冬休み中であった。日本では誰か高名な政治家なり首相が亡くなって休校になったという記憶もない。

補習校は先週火曜日の7月31日から中学部の夏季特別授業が始まり今日までの予定であった。明日木曜日の8月9日からは小学部の前期後半の授業がスタートする。さて、今回のお休みは一日で済むのか明日も様子見となるのか、校長先生もアメリカンスクールや理事会と連絡取り合いながら決断することだろう。私たち教員にとっては予定していた授業ができなくなったということで今後の進度が気になるし、18日の土曜日には授業参観があるのでそれに向けて授業を進めようとしていたのが狂ってしまう。一日ぽっかりお休みになってゆっくりできることは正直嬉しいが今日だけで終わりにし、明日は無事に小学部がスタートできることを祈る。（２０１８年8月8日　午後0時40分記す）

南天竺通信　第１３２弾　　２０１８年８月９日

小学部の前期後半の授業が始まる

ドラーヴィダ進歩党の党首であったカルナーニディ氏の死去に伴う臨時休校措置は一日で解除され、街にも平常の市民生活が戻ってきた。本日８月９日は日本では長崎原爆の日。午前中ＮＨＫで報道された記念式典の様子を見たが、長崎市長も被爆者代表の方も挨拶で触れたことは、昨年国連で核兵器禁止条約が採択されるという歴史的な到達があったのに、日本政府は条約に署名しない立場をとっていること。お二人とも強い怒りの声を挙げていた。それなのに、その後の首相の挨拶は核兵器を保有する国と保有しない国との橋渡しになることで核兵器廃絶を目指していくという極めて曖昧模糊としたものであった。そんな姿勢でよく長崎の地に立てたものだと残念ながら言わざるを得ない。

さて本日はチェンナイ補習授業校の小学部の前期後半のスタートの日だ。70日ぶりに活気が戻ってくる。夏休み前に15名の児童・生徒が帰国したり他の国の日本人学校に転出していったが、新たに小学生16名、中学生１名の計17名が編入してきた。これで小学部は55名、中学部は９名、計64名で前期後半がスタートすることになった。私が担任する小学６年生は夏休み前には４名いたが２名帰国してしまって２名になってしまった。でも１名編入があり３名に、それも全員が女の子でのスタートとなり少しほっとしているところだ。

今日は１時間目は編入生の紹介と夏休みの宿題の回収の後さっそく算数の授業に入る。分数のわり算の最後の方、分数の倍とかけ算・わり算から始める予定だ。2時間目は前期後半のはじめの会を全校児童がそろってMC10教室で行う。校歌斉唱、校長先生のお話し、各学年代表の決意、転入生の紹介と進み、最後はみんなで記念写真を撮る。補習校のおもしろいところは保護者の皆さんも式に参列して我が子の様子を見守っているところだ。教室に戻って時間があったら今日の長崎市長の挨拶を聞いてもらおうと思っている。ちょうど国語の授業は明日から「平和のとりでを築く」に入るのでぴったりだ。

ということで、あと25分もしたら子供たちの元気な声が聞こえてくることだろう。（8月9日pm3：10）

南天竺通信　第135弾

2018年8月17日

今度は元首相の逝去で休校　そして今後の身の振りをほぼ決める

8月8日の臨時休校に続いて今日も突然の休校になった。今度は元首相のバジパイ氏の逝去にともなうもの。バジパイ氏の名前はかすかにしか記憶にないのであらためてインターネットで調べてみたら、バジパイ氏は1924年生まれの93歳。インドの現在の政権与党であるインド人民党（BJP）が1980年に誕生した時の初代総裁になり、1998年から2004年までの6年間、第16代首相を務めた。この間、世界を驚かせたのが1998年5月に1974年以来24年ぶりのインド史上2度目の地下核実験を行ったこと。これに対抗してパキスタンも半月後に地下核実験を行い両国の対立は厳しくなる。この時日本はアメリカとともにインドへの制裁措置に加わっている。インド国民は圧倒的に核実験を支持し、バジパイ政権への支持率も高まったとか。それだけ印パ関係が緊張していた時代だったのだ。一方では経済自由化路線を積極的に進め発展をもたらした。詩人や雄弁家としても知られ、国連総会で初めてヒンドゥー語で演説した首相だとも。２００４年の総選挙で敗北し政界から遠ざかっていた。それから14年もなるのに元首相の氏を悼み、インドの政府機関と学校は今日一日だけお休みとなった。そして今日から一週間喪服期間となりレストランでのアルコールも禁止になるかもしれないという情報も。今晩は日本から南インドの旅行に来ている元同僚の二人とチェンナイ市内のホテルで会い久しぶりに飲む予定だったし、明後日は合唱部のお別れ会をレストランＦｕｊｉで行う予定だったのでどうなることやら。何より明日の授業参観を前にしての突然の休校なので授業予定が狂ってしまった。と言うわけで午前3時から起きて対策を練っていたところだった。では朝の散歩に行ってこよう。（am６：00）

朝のビーチは特に変わりなし。ＮＨＫの国際放送もバジパイ氏の死を報じていた。明日はアメリカンスクールの施設が使えることになり、予定通り授業参観と土曜授業を行うという学校メールが流れた。明日の小学部6年の国語の授業は、よりよい未来のためにの意見発表で「日本とインドがお互いから学ぶこと」をテーマに意見交換をする。実は本日の授業で意見文を書いてもらう予定だったので、今日家で書いて来るように電話でお願いしたところだ。中学部1年の国語の授業参観も他の教科も予定通り進める。ただプリント類の印刷がたくさんあるので明日は7時に家を出なければならない。
教員採用担当の理事さんとの面談も明日予定通り行われるだろう。昨日の朝二人で散歩しながら、態度を保留するのも理事会に迷惑をかけるから、はっきり返事した方がいいのではないかということでほぼ固めた。すなわち契約時の予定通り来年3月末をもってチェンナイ補習校とはお別れする。その後どうするか。ビエンチャン日本語補習授業校で二人以上の募集があれば夫婦二人で応募する。募集がなかったり、あっても一人だけだったら潔く日本に帰り、私は一年間時間講師をしながら再度の海外への機会をねらう。日本の諸事情を考えると夫婦二人で海外にいられるのもあと1年延長が限度だ。ここでの延長も考えたが、願わくばもう1年間だけでも新しい世界で二人で仕事と生活ができることにほんの僅かな望みをかけて今回の決断に至った。

南天竺通信　第１４５弾　　２０１８年９月20日

チェンナイ補習授業校で働いているお陰で

チェンナイ補習授業校で2年間働くことになったお陰で、仕事のうえで日本ではとうてい不可能なことがここではできる、ということを前にも書いた。その最大のものが小学生と中学生の両方を担任し、今まで教えたことのない教科も教えているということだ。私は中学校の社会科と高校の社会科の免許しか持っていないから日本で小学校の担任をすることはできない。私を小学校3年生から5年生まで担任してくれた先生の影響が心の底にあって教師になった私は、いつか小学校でも教えることができればと思っていた。それがここに来て実現した。それも60歳の定年を過ぎてからの現場復活である。昨年度は4年生を担任し今年度は6年生を担任している。教えている教科は国語・算数・社会・理科だが、教材研究していて一番おもしろいのは国語だ。国語は今、宮沢賢治の「やまなし」を終え、賢治の生涯について畑山博氏が書いた「イーハトーヴの夢」をやっているところだ。宮沢賢治はご存じの通り岩手県の花巻市生まれで、妻の田舎だ。だから妻と知り合ったころから何度も花巻には行き、賢治記念館や「童話村」にも子供たちが小さい時に連れて行った。いくつかの賢治作品も読んだが、すごく魅かれるというほどのものでもなかった。それが今回、国語教材で「やまなし」を取り上げるにあたり、夏休み花巻に帰った時に、もう一度賢治記念館やイギリス海岸、羅須地人協会、賢治の生家などを訪れ、あらためて賢治の世界に触れてきた。賢治記念館の庭に「やまなし」の木があるのも見てきた。何より賢治の作品集を多数収録した文庫本を買ってきて、じっくり読んでみた。そしたら今まで、さっと通り過ぎていた賢治作品の一つひとつが面白くて心の中にすっと入ってきた。「注文の多い料理店」がこんなにも面白い作品だったのかとやっと気づいたし、「グスコーブドリの伝記」は賢治の生き方と重ね合わせて読むと感動的ですらあった。では授業で「やまなし」をどれだけ深められたかというとそれは心もとない。私にできることは、せいぜい賢治と賢治作品を生んだ花巻について少し紹介することと、賢治作品の魅力を少しでも語って、将来彼らが賢治作品にじっくりと触れる機会を期待することくらいだ。

中学部では今年度も国語と社会と理科を担当しているが、一番苦労しているのが理科だ。昨年度は中1だったが今年度は中3の理科を担当しているので一段と難しくなってきた。自分が理科の勉強をするのは中学・高校時代以来の40数年ぶり。この間の自然科学の発達は目覚ましく教科書にも反映されている。こんなレベルの高いこと中学校時代にやったっけということが多い。今在籍している中学3年生はこの夏に編入してきた男子一人だけだが、日本でほとんどの単元を終えてきている。そこで、確認とレベルアップのための練習問題を多くやっているが、そのためには自分がまずわかっていなければならない、ということで1時間の授業のための教材研究時間はばかにならない。でもこれもお陰様で、理科の勉強がだんだん面白くなってきた。特に今、教材研究しているのは「地球と宇宙」という私が最も好きな単元なので、入試問題の難問にも「これくらい何くそ」のガッツで取り組んでいるという次第だ。

南天竺通信　第154弾

2018年10月5日

念願のインドの学校訪問が実現

インドで1年半生活していながらこれまでインドの学校を訪問する機会が一度もなかった。それが今回、ABK日本語学校の先生方の尽力で2校訪問することができた。詳しくは今回同行した同僚のW先生の後日の報告にゆずるとして概要を紹介しておきたい。

一日目、10月4日㈭に最初に訪問したのは、HLC International School という学校。チェンナイ市街から車で40分ほど南にくだった郊外の広々としたところに校舎は建っていた。この日、チェンナイは雨期に入ったのか朝から雨。その雨の中を案内してくださるＡＢＫのスバ先生、ＨＬＣの先生方、生徒たちが待っていてくれた。この学校は小学校1年生から8年生まで一クラスずつあり、学力だけでなく人間性の向上と共存を目指していることが、校長室の標語「Teaching is an art」「and a work of the heart」に見事に表されている。各教室も中央の空間を取り巻くように円形に配置されていたり、農場もあったり、二人担任制をとったりとユニークな教育を行っていることで知られており、国内外からの視察者も多いそうだ。私たちは1時間目が始まったところの5年生の社会科の授業を見せてもらった。教室には20人くらいの子供たちが座って先生の話を聞いていた。授業は当然全て英語である。この日のテーマは「NeedsとWhats」の違いで、先生が「Needsは生存のためにどうしても必要なもの、Whatsは人それぞれによって必要性の違うもの」と説明し、その後、子供たちにとってのNeedsとWhatsをカードに書くことになった。子供たちのカードを見せてもらったら、Needsには水、空気、食べ物、お金などが、Whatsにはお菓子、おもちゃなど日本の子供たちと同じようなことが書かれていた。この後、４人のグループになりグループでの話し合いとなった。私たちはここで自己紹介させてもらい、お礼にと箱崎二人で「日本の秋の童謡唱歌メドレー」からアカペラで3曲歌った。印刷して持ってきた日本の紅葉と富士山の写真も紹介したら、Mt.Fujiと子供たちは喜んでくれた。この後のスナック時間に中2の生徒たちが校舎を案内してくれた。案内してくれた生徒の中にはお父さんの仕事の関係で日本にいたという兄弟もいて日本語をある程度話すことができた。自分たちのスナック時間を削って私たちを案内してくれた生徒たちにも紅葉を歌って校舎をあとにした。
2校目の訪問は、市街地の中にあるVelammal New Gen School Medavakkam という学校で、かなり大きな私立学校だ。ここも小1から中2まであり、クラス数は低学年ほど多く、高学年になるほど少なくなっている。まだ40歳の男の校長先生のご案内で私たちは中2の英語の授業を見せてもらった。この日のテーマは「インドの祭り」で先生と生徒たちとやり取りしていた。ここでも最後に歌のプレゼント。来年度は日本語教室も開校するというプランもある学校なので私のオリジナル曲から「共にオールを漕ごう」を英語の歌詞を皆さんに配って歌った。10月15日はインドのひな祭りで、校舎にもお人形を飾るので是非見に来てくださいという案内を受けて失礼した。とここまで書いて今日のもう一つの学校訪問を楽しみにしていると書こうとしたら、さきほど連絡があり昨日からの雨で学校がお休みとなり今日の訪問も中止とのこと。全くインドでは（最近は日本でも色々とあるので、インドでも）いつ何が起こるかわからない。よって出来るときにやっておくに越したことはない。

南天竺通信　第156弾　　２０１８年10月10日

インドの生徒たちとの感動的な質問・意見交流

昨日は感動的な出会いと交流があった。先週の金曜日・10月5日に予定していた3校目のインドの学校訪問が雨のために中止となったが、窓口のＡＢＫ日本語学校のベンカーテスさんが学長さんと連絡を取ってくれて急きょ昨日の午前中実現したのだ。今回の訪問には、校長先生含め６人で行けることになった。結果的にはこれでよかった。何となれば４０００人の児童・生徒を擁するこの学校の学長さんをはじめ設立者の前学長、副学長と代表の生徒たちが出迎えてくれるという歓迎ぶりで、先週実施されていたらこちらは校長先生もいない、たった４人での訪問で本当に申し訳なかったから。

今回訪問した学校は略称Natesan Schoolと言い、小学校から高校まである私立学校。到着したのは８時半頃の登校時間で児童・生徒の多くが歩いてきたり、お父さんのバイクの後ろに乗って登校しごったがえしていた。出迎えを受けた後、講堂に案内され、ここで中学生から高校生のクラス代表の生徒たち20数人とお互いのＱ＆Ａを交換することになった。生徒たちからの質問項目は事前に英語と日本語訳文で届いていたので、こちらも先週のうちに分担を決めて回答をある程度用意しておいた。最初の質問は「日本は４つの島と１つの政府から成りめざましく発展してきました。それはどういうマジックでできたのですか」という難しいもので、私が地理的な面からと歴史的な面から簡単に説明し、あとは勤勉な国民性と日本国憲法で戦争を放棄したこともあげておいた。それをベンカーテスさんと私のＡＢＫの日本の地理講座の時に通訳してくれたガヤトリ先生の二人で英語とタミル語で通訳してくれた。その後も生徒たちからは次々に質問が寄せられ、校長先生はじめみんなでかわるがわる応えていった。質問が40分ほど続いたところで小休止にと箱崎二人で「秋の童謡・唱歌メドレー」の３曲を歌い、さらに私のオリジナルソング「共にオールを漕ごう」を歌った。

これからインドと日本の架け橋になるかもしれないインドの若者たちの前でこの歌を歌うことができて本当によかった。向こうの学校の先生方も来年度から日本語授業を設ける準備段階に入っている時なので、インドと日本の歴史と未来をよく謳ってくれていると大変喜んでくれた。歌の後はまた質問が続き、一区切りついたところで私たちの方からも質問させてもらった。「どんな教科が好きですか」という質問にはほとんどの生徒が多くの教科に手を挙げていた。歌とダンスが好きという女子生徒はインドの歌まで歌ってくれた。こうして生徒たちと1時間半ほど交流し、最後に向こうの学校から私たちの学校に大きな写真入り額のプレゼントがあり、何と一人ひとりにも布ともう一つのプレゼントがあった。私にはヨガの音楽入りCD、妻には塗り絵であった。その後、別室でお茶をいただきながら先生方と交流し、残り20分ほどは駆け足で授業見学。中学生たちの世界地理と数学の勉強を少しだけ見させてもらった。一教室35人くらいで長机に4~5人くらいの生徒が座って熱心に授業を受けていた。ここは私立とは言え、授業料も他に比べて安いようで施設にそんなにお金をかけられないのか教室はすし詰めで照明も少なく、私には正直ちょっと暗いように思われた。12時となり生徒たちはランチ、私たちも自分たちの仕事場に戻るべく、お世話になった生徒たち、先生方、ABKのお二人の先生に心からの感謝を伝え帰路についた。※後日、私たちの訪問のことが地元のタミル語の新聞に大きく取り上げられました。

Ⅲ　インドの人々との交流や文化活動編

南天竺通信　第４弾　　２０１７・５・22

日本語を真剣に学んでいるインドの方々との交流

五月中旬の午前中、チェンナイ市内で日本語教育をしている会場を妻と訪ねた。私が昨年度勤務していた東京の中学校の教え子のおじさん夫妻がチェンナイで仕事していて先月日本人会総会でお会いし、日本語教育のボランティアをしている奥さんから今日の会のご案内をいただいていた。今回は国際交流基金の小川京子先生をお招きしての日本語教育ワークショップで二日間開催される。

生徒はチェンナイで日本語を学生たちや大人に教えているインド人の先生方が中心で20人くらい。そこに我々二人も含めて４人の日本人ボランティアが一つずつのグループに入り、小川先生やスタッフの中屋さんの指示に従って様々なグループ活動をする。勿論やり取りは日本語なので何ら不自由することない。たまに私がにわか勉強してきたタミル語も入れると、にっこりほほ笑みながらその発音はちょっと、と直してくれる。皆さんのお歳は20代の学生から年配の方々と幅広いが、日本語を真剣に学び、自らも教えている先生方だけに知的でどの方も表情豊かないい顔をしている。ここに来てやっとインド人と話ししていると妻も私も感激した。何と言っても日本語でほぼ不自由なく会話できるのだから。午前中の最後はテキストに載っている日本の歌をグループごとに練習して発表となり、我がグループは「炭坑節」を歌い、ちょっと踊りも入れたら拍手喝さいであった。私たちは午後から仕事のため残念ながら途中で帰らなければならず、今後の交流を期待して、日本の社会や歴史などのお話や日本の歌の紹介の機会があればいつでも声をかけてくださいと言い残して会場を後にしたのであった。

インドでのささやかな文化活動のスタート

南天竺通信　第5弾　2017・5・28

インドに来て早や二カ月がたった。この間仕事と生活に慣れるのに必死で、文化活動を楽しむ余裕はほとんどなかった。そんな中でも、せっかくインドに来たのだからと、唯一貴重な休みである日曜日には二人であちこちに出かけてきた。今回はその一端を紹介する。

まず最初に訪れたのが、我が家から車で20分ほどの所にあるチョーラマンダル芸術村。ここは1950年代半ばに起こったマドラス芸術運動によって生まれたコロニー。開館前にしばらく周辺を散歩し、ある家の庭を覗いていたら一人の男性が庭の方からやってきて、入りなさいと言う仕草をする。これ幸いと中に入ったら、コロニー誕生の頃からもう50年住んでいる彫刻家のNandhanと自己紹介された。家の中の作業場も案内していただき数々の彫刻作品を見ることができた。ブッタをモデルにした彼の大型の作品は現代芸術センターにも展示されており、略歴を見ると国民賞も得ている著名な彫刻家のようであった。まことに幸運な出会いであった。現代芸術センターには現代絵画や彫刻が展示されており見応えあった。入館料は一人30ルピー約54円。

次にインドに来たからにはボリウッドやコリウッドと呼ばれているインド映画を観なくてはと、

１回目は前任者にモールの中にあるコンサートホールと言ってもいいような素敵な映画館に連れて行ってもらった。コマーシャルの後、インド国歌が流れると観客は全員起立して歌う。そしていよいよ本編の開始。その音響がすさまじい。その理由がわかった。赤ちゃんは大泣きするし、いたるところで観客が笑ったり、叫んだり、口笛を吹いたりする。この日はなかったが、中には一緒に歌ったり踊ったりする観客もいるとか。そんなこともこの大音響なら全然気にならない。インド映画の定番で歌と踊りもあちこちに挟まれており、タミル語はさっぱりわからなくても何となくこんなストーリーかな、と自分で組み立てながら観たのであった。２回目は夫婦二人で行ったが、今度の映画は現役を引退した親父と息子のきしみや親父が家を出て、昔恋した人を探しにバイクで旅に出る、そして出会って……という万国共通のラブストーリーでちょっと切なく、ほろりという場面もあった。映画料金は一人２００円前後。これならインドにいる間、何回も楽しめるなと思った次第。

そして今回の最後は合唱団のこと。チェンナイ日本人会の忘年会の企画の中で2年前に合唱部が誕生した。昨年一年間は合唱部を設立し指導されてきた方が日本人会の会長だったこともあり、様々な場での演奏活動もあったようだ。その方がデリーに転勤となり、別の方を指導者に迎えて、練習会場も部員のお家を借りて練習している。私たち箱崎家の二人も、4月末から入部させてもらって、ほぼ毎週日曜日の午後の練習に参加している。今の練習曲は「夢の世界を」と「いざたて戦人よ」で、今後少しずつレパートリーを増やしていく予定。練習に参加する各パートの人数は今のところ2～3人だが、日本で何らかの楽器をやってきた人が多く耳がいいので短時間でハーモニーが出来ていく。年齢も駐在員やその奥さんが中心だから、20代から40代が多く声が若く生き生きしている。何よりも家族的な雰囲気がいい。今日の日曜日も午後4時から2時間練習ということで、これから出かけるところだ。以上、今回は箱崎家のインドでのささやかな文化活動のスタート編でした。

南天竺通信　第7弾　2017・7・16

歌って愛して行動する社会科教師　インドでも健在

～チェンナイの日本語学校で日本の地理について話し歌う　その1～

「南天竺通信　第4弾」に紹介したインドの方々との交流がさっそく次のような形で実現した。チェンナイの日本語学校の校長先生からその後、日本語を学んでいる学生たちに日本の地理について是非話ししてほしいという依頼が寄せられ、それが7／16㈰に実現したのだ。当日は60人くらい入る会場に日本語を学んでいる学生、高校生・大学生から一般の人まで溢れるくらいやってきた。それだけ日本語と日本に関心を寄せているインド人が多いのかと内心はびくびくしながら、にっこりほほ笑んで迎えた。

私のタミル語による簡単な挨拶と自己紹介から始まって、日本の中学校の地理の教科書に紹介されているインドのこと、私がチェンナイに来る前に作詞した『天竺の国・チェンナイへ』(作曲佐藤香)を歌うと、歌詞を通訳してほしいというリクエストもきた。そしてメインは、インドの方々が日本のことをどれだけ知っているのかということで基本的な問題を10問用意し会場の皆さんに答えてもらうというやり方をとった。その後は時間があればもう少しレベルアップしたワークシートも用意して行ったが、これは案の定時間切れで希望者に差し上げた。

基本の10問とは、日本の位置、時差、面積、人口、気候、地形、47都道府県のことなどで、タミル語ではなく英語で通訳する先生がついてくれた。つまりインドでは、特に若い人たちにとっては英語は日常の言語になっているのだ。解答はパワーポイントを使い、写真・地図・グラフなども入れながら、より理解が深まるように心がけた。何よりも喜んでもらえたのは、日本の四季の歌(花、夏の思い出、紅葉、雪の降る町を)を私と妻がアカペラで歌って紹介したことで、デュエットした紅葉をもう一度歌ってほしいというリクエストまでいただいた。お陰さまで日本の事がよくわかりました、日本が益々好きになりましたなどの声もいただき、夏休み中にかなりの時間をかけて準備してきた甲斐があったというもの。

来週7／23は日本の地理の第2回目で、自然災害、その中には東日本大震災や福島原発事故のことも入れる予定、資源・エネルギー・産業・貿易・交通をテーマに話しようと思っている。好評だった歌のデュエットは今度は「青い空は」はどうかと相談しているところである。

南天竺通信　第9弾　２０１７・７・24

歌って愛して行動する社会科教師　インドでも健在

～チェンナイの日本語学校で日本の地理について話し歌う　その2～

前回7／16に続いて、チェンナイの日本語学校で2回目の日本地理の話しと日本の歌の紹介を7／23に行ってきた。参加者は前回に続いてという人が多く、私の話しや妻との歌を楽しみに来てくれた。前回の経験で日本への関心は非常に高いこと、しかしながら日本語を学習し始めてまだ間もない学生も多いことがわかっていたので、パワーポイントはできるだけ日本とインドの映像やグラフを入れて発問形式で進めるように作り替えた。

最初は挨拶がわりに、前回の「天竺の国・チェンナイへ」に続いて、私がチェンナイに来て3週間目につくった「天竺の国チェンナイに来てみれば」（作曲　佐藤香）を歌ったら大受けで、講演終了後にリクエストもいただき2回歌うこととなった。

歌詞の1番だけ紹介すると

あこがれの天竺の国・チェンナイに来てみれば
驚くこと　あまたあれど　きわめつけは
車・バイク・オートリクシャ・人あふれる中
クラクション鳴らし　無事目的地たどり着く

今回は話しのテーマとして日本の自然災害、東日本大震災と原発事故のこと、日本の農業と工業、日本とインドとの貿易、新幹線を取り上げた。インドも自然災害の多い国で、地震・津波・洪水・噴火・台風（サイクロン）などの日本語はポンポン出てきた。東日本大震災で起きたもう一つの大きな事故は何ですか?と問うたらフクシマという言葉もすぐ出てきた。そこで私が佐藤香さんとの共作第1号としてつくった「あの日から」を東村山第二中学校の合唱部の演奏CDで紹介した。日本の農業のところでは日本の農地がいかに狭く、農業だけではやっていけない農家が多いこと、しかし実りの秋には各地でお祭りが行われているということで「村祭り」を妻が歌い、さらに正月を子どもたちが楽しみにしているということで「お正月」も歌ったら、大いに喜んでくれた。日本のエネルギー自給率や食料自給率が極めて低く、それゆえに日本は世界の国々と仲良くし、特にこれからはインドとの貿易を拡大していく必要性にも触れ、皆さんはその架け橋です、と訴えた。

最後はもうすぐやってくる八月は、日本人にとって忘れられない、忘れてならない月であることを話し、現在の日本国民は世界の人々との平和と愛と友情の固い決意を持っていることを紹介し「青い空は」を二人で歌った。時間がもう少しあったのでインドと日本の世界遺産の映像を紹介し、昨年つくった「世界遺産の歌」もスマートホンで見てくださいと宣伝した。

終了した後に書いてもらったアンケートには「次は日本の歴史や文化、日本人の生活スタイルなどを話してください、またたくさん歌を歌ってください」という声が多数寄せられた。日本語を学習している彼らの多くは将来日本に留学する、日本で働き生活するということを目標にしているだけに学習意欲と日本への関心が非常に高い。まさに将来の日本とインドの友好をつなぐ卵たちである。２年間のインド滞在の中で箱崎二人が今後とも少しでも彼らのお役にたてれば幸いである。９／３には日本語スピーチコンテストがあり、その審査員の一人としてお願いもされた。主催者の校長先生からはお礼のメールと共に次は日本の歴史について是非お願いしますとの要請あり、準備時間か必要なので冬休み中に是非と返信したところだ。今回は英語での通訳付きだったので大変助かった。私もいずれは通訳なしで話できることを夢み、ほそぼそとタミル語を勉強し、英語は実践勝負で鍛えつつあるが、実現ははるか先のようだ。以上２回目の報告でした。

２０１７・９・４

南天竺通信　第11弾

チェンナイ日本人会夏祭りで初舞台

インド南東部の国際港湾都市チェンナイにはおよそ７００人余りの日本人が暮らしていて日本人会を結成している。その絆は強く、委員会や実行委員会をつくって年間様々な活動が行われている。その最大の活動の一つ、夏祭りがチェンナイのビーチ沿いホテルの野外を貸し切って９月３日に行われた。ステージでの催し他、盆踊り、花火そしてここに来れば久しぶりの日本食や日本酒にもありつけることを楽しみに（私もその一人）、浴衣姿の子供たちやお母さん、甚平のお父さん、夏祭りの法被をきた若者やインド人などおよそ400人余りが集った。

　夕方5時半に開会し、夏祭り実行委員長や総領事の挨拶の後、サークル対抗戦、クイズ大会と続き、夜のとばりがおり、会場もほろ酔い気分になったところで、チェンナイ合唱部の演奏の時間となった。一昨年誕生した合唱部は夏祭りへの出演は2回目で今回の出演メンバーは17名。箱崎二人を含め4人が初舞台組だ。曲はこの間練習を積み上げてきた「TOMORROW」（表参道高校合唱部の中で歌われた1曲）と「Jupiter」（田中達也編曲）。

　会場が野外で広いので各パートにマイクが立っての演奏であったが、指揮者によく集中し、他のパートの音もよく聴きあって心地よい演奏となった。演奏後、聴いてくれた皆さんからの評判も上々であった。これで新しい部員が一人でも増えればさらに嬉しいというものだ。合唱部の次の演奏の機会は11月に総領事館主催でインド政府関係者や各国の大使館員を招いての「天皇誕生日レセプション」があり、日本とインド両国の国歌を歌うことになった。「君が代」はともかく、インド国歌をサンスクリット語で覚えるいい機会なので参加しようと思っている。

　なお、この夏祭りの当日、チェンナイ市内の日本語学校では日本語スピーチコンテストが行われ、私は当初審査員をお願いされていたが、合唱部のリハーサルや本番とぶつかりそうだったので辞退していた。それでもリハーサル後、3時間ほど時間が取れたので少しでも聞いておきたいと駆けつけた。8人くらいの学生のスピーチしか聞けなかったが、それぞれに苦労して日本語を学んだ成果が随所に表れていて、インドの若い人たちの考え方や生活の一端も知ることができとてもいい勉強になった。日本語や日本の文化・歴史についての関心も旺盛な彼らを前に、来年1月には2回に渡って「日本の歴史」について話す機会を与えられているのを今から楽しみにしている。

南天竺通信　第14弾　２０１７・10・02

インドの歌姫たち⑴　～その出会い～

７月にチェンナイ市内にある日本語学校で２回に渡って「日本の地理」の話を歌も交えてする機会があった。60名を超える参加者がいて会が終わった後、色々な学生さんたちから声をかけられたが、その中に、ひときわ美しい女性がいて「お二人の紅葉のデュエット素晴らしかったです。私も歌が好きで、この前日本に行ってのど自慢に出てきたんですよ」と話しかけてくれた。でもその時は、それ以上深く話すこともなく「私もかつて出たことのあるＮＨＫの、のど自慢に出てきたのかな」くらいにしか思っていなかった。

９月になって日本語学校の校長先生からメールがあり、「10／13に行われるジャパニーズナイトにうちの生徒のニーラジャさんのグループが出るので日本の歌について相談にのってほしい」という依頼があった。その後当人からメールがあり、「日本とインドの神をテーマに両国の歌を歌いたいのですが、どんな歌がお薦めですか。但し時間は合わせても5分間です」というものであった。インドならヒンドゥー教の神々が、庶民に一番人気のガネーシャ（顔が象、首から下が太鼓腹の人間という商売・学問・癒しなどの諸々にご利益のある神様）をはじめとしてたくさんいるけど日本ではなあ?としばし悩み、「村の鎮守の神様の……」の村祭りをまず推薦することにした。他に、この時期の日本の秋の美しさを歌った「紅葉」や、神にも自然にも関係ないが「BELIEVE」なんかもいいのではないかと候補にあげ、9月中旬の日曜日にお会いすることにした。

日本語学校に到着し、受付の方に「ニーラジャさんに会いに来ました」と言ったら「ニーラジャさんですね。これが彼女が日本で今年の5月に行われた、のど自慢The Worldで優勝した時の賞状とトロフィーですよ」と誇らしげに見せてくれた。「えっ、のど自慢って、自分も日本にいた時はよく見ていた、のど自慢The World。ここのチャンピオンの中にはプロで活躍している外国人もいる、とにかく歌のうまい外国人たちが日本人以上の美しい日本語で歌う番組。それにニーラジャさんがインド代表として出演し、しかもチャンピオンになっていたとは」と驚き、その時のビデオも見せてもらって改めて本当であることを確認した次第であった。目の前に現れた当のニーラジャさんは、改めて見ると背がすらっと高く、私がインドに来て出会ったインド人女性の中では文句なく一番美しく輝いている。そして、チャンピオンになったという驕りなどどこにもなく、実に謙虚に丁寧な日本語で日本の神様のことや選曲について尋ねてきた。年甲斐もなく、すっかりニーラジャさんのファンになってしまった私は、ニーラジャさんの日本語力にさらに磨きをかけるために私にできることでサポートしよう、そしていつの日か彼女が日本で歌手としてデビューするか、日本に留学して他の学問を究め、就職する時の力になろうと密かに決意したのであった。

さて妻と私のアドバイスも参考にして曲が決まり、10月1日の日曜日に日本語学習の後、グループの練習があるということで見に行ってきた。そこで紹介された4人のメンバーはニーラジャさん

19歳を筆頭に、その妹シンドゥジャさん15歳、友だちのメハさん14歳、アンジェナさん13歳、と言ってみればインド版「制服向上委員会」。一人ひとりが実に声がいい。最初の曲「紅葉」はニーラジャさんとシンドゥジャさんのデュエットだが、妻の「こぶしをつけないで」のアドバイスできれいに流れるようになった。インドの歌をはさみ、藤田麻衣子さんの「蛍」も一番若い二人がきれいな声で歌う。特にメハさんは歌心もあり歌いっぷりもよく、もしかしたら次の、のど自慢The World に挑戦も可能かと思わせた。最後は「千本桜」で明るくからっとしめる。こんな素敵なインドの歌姫たちの本番10／13が楽しみだ。ちなみに私が所属するチェンナイ合唱部も出演予定で、これまで練習を積み上げてきた3曲を歌うことになっている。

以上、今回は「インドの歌姫たちとの出会い」でした。10／13の様子とその後については続編で。

2017・10・14

インドの歌姫たち(2)　～その魅力溢れる演奏～

インドに来て一か月後にチェンナイ日本人会の合唱部に入り、夏には市内の日本語学校で日本の地理について話しする機会があったお陰で、7回目を数えるジャパニーズナイト（日本語の夕べ）に参加・出演する機会をいただいた。このイベントは総領事館主催で、チェンナイで日本語を勉強している学生たちの日頃の学習の成果を歌や踊り、寸劇などで発表し、チェンナイ在住の日本人と交流しようというものだ。10／13㈮の夜6時に市内のホールで開会。この日は私が勤務している補習授業校の前期の終業式で、子供たちに通知表を渡した後、十分にさよならをする暇もなく車に乗り込んだ。というのも、この間少しだけ関わってきた日本の歌を歌う4人の女子学生たちの出番が午後6時45分と知らされていたからだ。職場を出たのが5時40分。6時半には到着できるとドライバーさんは言っていたが、道路は明日から始まる三連休のお出かけがすでに始まっていて、いつもにもましての大渋滞。会場に着いたのは7時をちょっと過ぎていた。もう完全に間に合わないなとあきらめていたらホールに入ったとたん彼女たちの歌声が聞こえてきた。ちょうど演奏の真ん中あたりだった。どうやら開演が20分ほど遅れたお陰で後半部分だけでも聴くことができたのだ。今日だけはインド時間に感謝。私が「インドの歌姫たち」と名付けた彼女たちの澄んだ歌声がマイクを通してホールに響き渡る。日本の歌とインドの歌をヒュージョン（融合）させた5分間の彼女たちの演奏が終わると会場は大きな拍手に包まれた。何しろ一人はこの春に日本で行われた「のど自慢

The World」の優勝者であり、他の3人も先輩の後に続けと猛練習してきたのだから。

感動したのはこの歌姫たちの演奏だけではなかった。日本語学校はチェンナイにいくつかあるようで、この日は七つの学校の学生たちが出演していた。いずれも、その日本語の巧みなこと。女子高校生たちによる「竹取物語」は日本の小学生の演劇に負けず劣らずの出来栄えであった。彼ら・彼女たちに負けじと登場したインド在住の日本人たちの演奏は三つ。一つは南インドの古典舞踊・バラタナティヤムを勉強している大野馨さんのステージ。彼女の舞台は七月に一度見たことがあるが優雅で大胆な踊りはインド人に決して引けをとらない。次の団体はチェンナイカラオケバンド（CKB）で先月の夏祭りでも大活躍。そして、私たちチェンナイ合唱部は「TOMORROW」「いざたて戦人よ」の2曲とCKBのバンドで「翼をください」を歌った。会場で聴いてくれた歌姫たちはじめ、何人かから合唱素晴らしかったという声をいただいたが、後で録音したものを聴いてみると今いちだ。演奏メンバーのバランス、マイクでの演奏に慣れていない、リハーサル無しでぶっつけ本番という悪条件もあったが、どんな条件の下でも最高の演奏ができるように精進していかねばと心した次第だ。それでも合唱を聴いて、私たちインド人も合唱団に入ることができますか、という問い合わせもあったそうで、今後日本人とインド人融合の合唱団に成長していくかもしれないという可能性を秘めた一夜の演奏であった。インドの歌姫たちとの交流も今後どういう形で継続・発展していくか大いに楽しみなところである。

南天竺通信　第20弾　　２０１７・11・30

音楽に関する最近の話題から二つ

その1　南インドの伝統音楽・カルナータカ音楽の演奏者で教育者の方との出会い

南インドはタミールナードゥ州の州都・チェンナイに2年間住むことになったからには、南インドの伝統音楽であるカルナータカの生の演奏に少しでも早く触れたいと思っていた。しかしその機会はなかなか訪れなかった。なぜならばカルナータカ音楽が演奏される「チェンナイ・ミュージックシーズン」は12月から1月に集中しているから。その機会が今やっと訪れようとしている。

11月下旬、うたごえ新聞の11／27、12／4合併号に紹介されている、インドの歌姫たちの一人、ニーラジャさん（２０１７年春の、のど自慢The Worldの優勝者）のお家でのランチに妻と共に招かれた。そこでお会いしたのがニーラジャさんのお父さんのデリー・P・スンダーラジャン氏（以降、スンダーラジャン氏と記載）。スンダーラジャン氏は現在、40代半ばの現役のカルナータカ音楽の演奏者で主にバイオリンとヴォーカルを担当している。一方ではカルナータカ音楽の教育者で音楽ルームも見せてもらったが、その部屋で個人レッスンやグループレッスンをし、さらにスカイプで世界各地にいるお弟子さんたちも指導されているとのこと。スンダーラジャン氏は6歳から個人レッスンを受け始め、朝4時に起きて学校に行くまで4時間のレッスン、学校から帰っても2～3時間のレッスンを毎日続けてきたそうだ。コンサートデビューは8歳の時。そのスンダーラジャン氏の生の演奏をやっと聴くことができる。氏のクループのコンサートは12／27から12／31にチェンナイ市内のホールで朝から夜まで開催される。それも全部無料で。その最後の夜・大晦日のおおとりとしてスンダーラジャン氏が登場する。28日には日本から大東文化大学の教授で音楽学者の井上貴子氏がやってきてレクチャーもある。お父さんの手ほどきを小さい時から受けてきたニーラジャさんの演奏の場もある。今から「チェンナイ・ミュージックシーズン」の幕開けを楽しみにしている箱崎家の二人である。（2017・11・25）

その2　インド国歌を四部合唱で歌う

インドに来てインド国歌を最初に聴いたのは渡印四日目の補習授業校入学式でであった。その時は何と格調高い、気分が高揚するようなメロディーだろうと思った。その後、映画館に行くと上映前に必ず聴くことになり、いつか自分でも歌えるようになりたいと思っていた。その機会がチェンナイ合唱部に入ったお陰でやってきた。11月29日の夜、チェンナイ市内の五つ星ホテルで、チェンナイ総領事館主催の天皇誕生日レセプションがあり、オープニングに合唱部がインド国歌と日本国歌を歌うことになったのだ。それも両曲とも四部合唱アカペラで。インド国歌の作詞・作曲者はアジア人として初めてノーベル賞を受賞した詩聖・タゴール。格調高いわけだ。サンスクリット語で最後は「ジャヤヘー、ジャヤヘー、ジャヤヘー、ジャヤジャヤジャヤジャヤヘー」（勝利、勝利、勝利を汝に！）と謳う。国民誰もが誇りをもって、それも四部合唱で歌える、そんな国歌を我が祖国にもと願って歌ったのであった。（11／29）

南天竺通信　第23弾　　２０１８・１・２

年末はカルナータカ音楽の魅力にたっぷりと浸る

年末はチェンナイで過ごす、と言うと多くの日本人が「まさかのチェンナイ！」と返してくる。そうこの時期、ほとんどの日本人駐在員は日本で正月を過ごすために一時帰るか、日本食レストランが豊富で買い出しもできるバンコクやシンガポールに出かけたり、スリランカやモルディブなどの観光地で過ごす人も多いのだ。ところが箱崎家二人は年末チェンナイに残った。お金がないから？それもあるけれど一番の理由は、南インドの伝統音楽であるカルナータカ音楽を聴くため。チェンナイは12月下旬から1月にかけてがカルナータカ音楽のシーズンで、チェンナイはそのメッカなのだ。この時期、カルナータカ音楽のコンサートがカルナータカ音楽の殿堂・ミュージックアカデミー他お寺や体育館など様々な場所で朝から晩まで開催される。

カルナータカ音楽は、ものの本によると、もともとはヒンドゥー教の祈りの歌で　様々な神々が謳われているそうだ。旋律「ラーガ」とリズム「ターラ」が複雑に絡み合い音楽芸術の域にまで達したと言う。バンド編成はヴォーカルに、弦楽器としてバイオリン、マンドリン、ヴィーナーという琵琶の元となった楽器、リズム楽器は両面太鼓のムリダンガム、壺の形をしたガダムが独特のリズムを刻んでおもしろい。基準音を響かせるだけのタンブーラも欠かせないが、今は電気音で代用もされている。一つひとつのグループの演奏時間は1時間から3時間近くまでと様々。

殿堂・ミュージックアカデミーのホールは１０００人くらいのキャパを持つ立派なホールで地元

ファンのみならず世界各国からのカルナータカファンで連日にぎわう。当日チケットの売り出しは朝9時からで、私は1時間前に並んでやっとDaisというステージに座って聴くチケットをとることが出来た。これが何と100Rs、日本円にして200円弱。演奏者を間近に見ながら聴くことができる最高の席なのだが一番安く、お金に余裕のない私のような人や子どもたち、若者がたくさん座っていた。私が聴いた12月30日のとりは、Abhishek Raghuramという目下チェンナイで一番注目されている32歳の若手ヴォーカリストのグループ。さすがチェンナイっ子が認める実力ヴォーカリスト。低音から高音まで舌を複雑に動かしながら声を響かせる。ムリダンガムとガタムの掛け合いもおもしろい。6時45分に始まった演奏が終わったのは9時25分。何と2時間40分も一人で歌いっぱなし。タンブーラ奏者もずっと座ったまま基調音を響かせている。まさに体力勝負だ。この日は、カルナータカ音楽を日本で紹介し、『南インドカルチャー見聞録』という本を書かれた井生明氏が取材に訪れていて、コンサート後に井生氏と日本からこのコンサートを聴くためにチェンナイにやってきた皆さんと、インドレストランで食事をご一緒できたのもうれしいことであった。

チェンナイミュージックアカデミーは勿論素晴らしい会場で、連日一流の演奏者が登場するのだが、私が三日間通ったのはRamakrishna Mission Higher Secondary Schoolという学校の体育館。ここの主宰者はこの間、うたごえ新聞で紹介してきたインドの歌姫・ニーラジャさん（2017年春の、のど自慢The worldの優勝者）のお父さんであるDelhi Shri P.Sunder Rajan氏。その経歴はインターネットで是非見てもらいたいところだが、超一流のバイオリン奏者で数々の賞を受賞されテレビやラジオ番組でもたびたび紹介されている。今も演奏活動を続ける一方で教育者として若手演奏家の指導にあたっておられる。この団体のコンサートは12／27から12／31まで五日間開催され、私と妻は12／28の井上貴子氏の講演とその前後の演奏、12／29の午後の演奏、そして12／31はお昼にニーラジャさんがヴォーカリストとして登場する演奏を聴き、いったん家に帰って出直して、おおとりのDelhi Shri P.Sunder Rajan氏がバイオリニストを務めるグループの演奏を聴いた。この演奏が本当に素晴らしかった。男性ヴォーカリスト・バイオリンの心地よい響きは言うまでもない。2時間があっという間に過ぎた。ミュージックアカデミーは確かにいいホールだが私にとっては冷房が効き過ぎで、途中からは袖の幕に隠れて体を動かしながら聴いたが、ここは体育館で冷房はなくちょうどいい気温。但し蚊はここにもいるのでキンカンを持参した方がいい。この超一流の演奏家たちの演奏をただで聴くことができるところが主宰者Delhi Shri P.Sunder Rajan氏の素晴らしいところ。自らもカルナータカ音楽の演奏家で、音楽研究者であり、Delhi Shri P.Sunder Rajan氏とはデリー大学で同じ師の元で学んだという大東文化大学の教授・井上貴子氏のお話しによれば、他の会場でもお昼は無料でも一流の演奏家が登場する夜の部は入場料をいただくところもあるとか。すべての人にカルナータカ音楽の魅力を伝えたい、そのためにはミュージックアカデミーのような立派なホールで入場料をとるところではなく、学校の体育館を借り切って、五日間朝から晩まで、誰もが入りやすいように入場料無料で開催している、そして若手演奏家も次々に登場させているDelhi Shri P.Sunder Rajan氏の懐の大きさとニーラジャさんファミリーの献身的な活動にいたく感動したのであった。そしてチェンナイに来て本当に良かった、年末をチェンナイで過ごして良かったと実感した私は、この時期チェンナイを離れた日本人の友人たちに来年は是非ご一緒にとメールしたのであった。

日本の皆様もチェンナイに来られるのなら、このシーズンが是非お薦めです。12／27から1／1くらいまででしたらお仕事も合唱団の活動もお休みというところが多いでしょうから。三日間くらいカルナータカ音楽に浸って、あとはチェンナイ市内の観光とか車で1時間の世界遺産マハーバリプラムを訪れてみるというのもいいでしょう。但し、この時期ホテルは混みますし料金も高くなりそうですので、早めに日本の旅行社を通じて航空券とホテルを確保することをおすすめします。インドに入国するにはビザも必要ですので念のため。では、皆さん今年の年末はカルナータカ音楽の会場でお会いしましょう。なお井上貴子氏とは1／3にチェンナイの韓国レストランで会食をすることになっており、芸大を卒業した氏がどうしてカルナータカ音楽の道にはまることになったのかということや修行の日々のこと、カルナータカ音楽そのものについてなどお話しを聞けることを楽しみにしているところである。
※インド人お二人の名前を英字にしたのはインターネット検索ができるようにです。

チェンナイで日本語を学んでいる学生たちに「日本の歴史」のレクチャー　その1

チェンナイにある老舗の日本語学校の一つ、ＡＢＫ日本語学校の特別プログラムに昨年夏招かれて2回に渡って『日本の地理』の話しをした。歌も交えたレクチャーは学生たちや先生方にも好評だったようで今回はその続編として『日本の歴史』についてレクチャーすることになった。日本の中学生たちは2年とちょっと、１５０時間くらいかけて日本と世界の歴史を学ぶ。それを２回合わせてたったの3時間でどうエッセンスを伝えるか、それも日本語レベルは初心者から上級と様々、でも日本の文化や歴史への関心は非常に高く、将来日本に留学したり、日本で働きたいという希望を持っている学生たちだ。悩みぬいて、たどり着いた結論は日本の歴史を縄文時代から今の平成の時代まで14の時代に分けて、各時代のポイントを文と写真で簡単に解説していくという極めてオーソドックスな方法だ。まず各時代のポイントを作成し、その日本文をＡＢＫ日本語学校で日本語と英語が堪能な先生に英訳文にお願いした。３週間後に届いた英訳文は私の意図するところをほぼ汲み取った素晴らしい英訳文だった。

その一つ、一番最初の縄文時代を紹介すると

①野山や川、海で狩りや漁をして食べ物を手に入れていた。縄目の模様の土器を使い収穫したものを煮たり、水を入れるのに使っていた。今から1万６５００年くらい前から、２５００年くらい前まで約1万４０００年も続いた。【　　　　　　　　】時代

Food was obtained by hunting or fishing in the fields, mountains or rivers. Rope patterned pots were used for boiling the food so gathered and for storing water. This continued for about 14000 years from before 16500 years to before 2500 years.

→【　　　】era

という具合だ。平安時代くらいまではわりと短くおさめたが、鎌倉時代以降は少しずつ長くなり、特に戦争の時代となる明治・大正・昭和はかなりの長さとなってしまった。それに関連する写真をインターネットから引き出して貼り付けてパワーポイントにしていく。

レクチャー前日まで準備して迎えた本番、第1回目は1／21(日)12：00~13：30　参加者は小学生くらいから大人まで40人くらい。顔ぶれは昨年の夏とは大分変っている。いきなりレクチャーに入るのではなく、まずはオリジナル曲「デカン走り抜けハンピへ」(作詞　箱崎作次　作曲　佐藤香)佐藤さんの伴奏入りのＣＤに合わせて歌う。最後の歌詞は「インドはまことに魅力あふれる国。一つ一つの世界遺産に悠久の歴史刻まれ、比類なき文化今に引き継がれる。……ああここは人類の歴史と未来照らす憧れの天竺の国」と歌うと皆さんから大きな拍手。調子よくなったところでレクチャーへ。英訳してくれたラミャスリー先生が英語通訳もしてくれたので順調に江戸時代まで進んだところで妻の歌「富士の山」と「お江戸日本橋」を入れるとここでも大きな拍手。その後、明治までやってこの日は終わり、大正以降は次回１／28となった。参加者の皆さんと写真を撮って、ＡＢＫからお弁当をもらい、箱崎二人は次の新年会の会場へと急いだのであった。それでは次回の報告をお楽しみに。

チェンナイで日本語を学んでいる学生たちに「日本の歴史」のレクチャー　その2

ＡＢＫ日本語学校での「日本の歴史」第２回目のレクチャー（１／28）も私の歌から始まった。今回はこれに合わせて、是非日本とインドの友好の歴史と未来を描いた歌を歌いたいと、昨年11月に私が作詞したものを、福島の佐藤香さんに作曲をお願いしていた。正月に日本に一時帰国したときに、国分寺の我が家にＣＤが届き練習してきた。

歌詞はこう謳う。

共にオールを漕ごう　～天竺の国と我が祖国との永久の友好を願って～

①その昔　この国に生まれた仏教は　長い時を経て　我が祖国へ
７５２年　奈良の大仏に　目を入れたは　この国の　ぼだいせんな
大和の僧も　天竺で学び　この国ですたれた仏教　今に生きる
ヒンドゥーのサラスヴァティも　大和の国では　弁天様となった

②時は流れ　20世紀の世に　非暴力・不服従のガンディー
東京裁判のパール判事　父が子に語る世界歴史のネールらは
我が祖国で今も語り継がれる　かの戦争で傷つけあうことなく
敗戦で落ち込んだ我が祖国に　象を送ったのも　この国だった

③この国の独立と同じ1947年　我が祖国でも新たな憲法スタート
その5年後には国交結ばれ　両国の絆　年と共に　強くなる
IT　新幹線　車　ヨガ　アーユルベーダ　お互いの文化　行き交う
我が祖国の言葉学び　留学　研究　働く若者たち　あまたあり

我が祖国とこの国の友好の歴史　長く　深く　未来へと続く
混沌としたこの時代に生きる私たち　世界が平和で栄えるよう
同じアジアの船乗りとして　共にオールを漕ごう　共に漕ごう

歌詞を書いていくにあたっては、今までの知識の他に日印関係の歴史の本を読みインターネットで調べ、そのエッセンスを盛り込むようにした。歴史的な事実関係の間違いだけはないようにしなければと、1月中旬の総領事館主催の新春賀詞交歓会の時に総領事に挨拶し歌詞を見てもらうことにしていた。その結果、1点だけご指摘をいただき歌詞を修正したところがある。実は3番の歌詞は最初「この国の独立まもなき1947年、我が祖国との経済協力始まる」としていた。総領事の指摘は、日本が主権を回復したのは1952年であり、インドに対して日本政府としての経済協力が正式に始まったのは1958年である。インドの独立に伴って民間ベースでの経済協力は1947年にすでにあったかもしれないが、その辺を聴き手に誤解させせないように配慮してほしいというものであった。もっともなご指摘であり、では1947年を生かすにはどうすればいいかと一晩考えた。そうだ、1947年は日本国憲法の施行の年であり、日本もこの憲法のもと新しいスタートを切ることになった。これを盛り込まなければと音符に合わせて歌詞を入れたのが完成詞となった。そんないきさつもあったが、迎えた本番での学生たちの感想はレクチャー全体の感想と共に後に譲るとしよう。

さてレクチャーの方は、前回に続いて大正時代から昭和前半の日本の戦争の歴史、戦後の新しい憲法のもとでの再スタートと経済復興、高度経済成長期、公害と環境問題、貿易摩擦、日本企業の海外進出がインドへもと続き、平成の現在まで一気に進んだ。ここで一息。今回は補習校の、音楽を専攻してきた同僚にも来てもらって「花」を独唱してもらった。妻は、今回のテーマに合わせて「原爆を許すまじ」を歌った。後半は、ここまでの復習として、日本の各時代の長さを巻き尺を利用して確認したり、登場した主な人物や建造物をもう一度、写真で見せて当ててもらったりしてレクチャーは終了。最後に学生たちに感想を書いてもらったのでいくつか紹介する。アンケートは10代から40代まで30枚集まった。何と、そのうち8人が9歳から13歳であった。

Q1 箱崎の話はわかりましたか。

ほとんどがよくわかりましたとある。これは勿論、ラミャスリー先生の英訳と通訳によるところが大きい。英訳文をとってあるのでこれは今後も活用できる。

Q2 日本の歴史に興味を持ちましたか。

これもほとんどの学生が興味を持った、持っているとある。それゆえにこのレクチャーに参加したわけだが。このレクチャーを経てさらに興味が増してくれればやった甲斐ありだ。

Q3　箱崎のオリジナルソングはどうでしたか。

2曲とも好評。歌詞を英訳したものを用意した他に、1曲目は合唱部のタミル語通の人に、2曲目はニーラジャさんにタミル語訳してもらい、歌う前に読んでもらったのも助けになった。この2曲は、これからインドの方々の前で大いに歌っていきたいと思っている。

Q4　箱崎陽子や天野愛さんの歌はどうでした。

これも勿論大好評で、特に今回初参加の天野さんは、大学で声楽を専攻していただけに味わいのある、ふっくらとした美しいメゾの声を聴かせてくれた。この方にしても妻が歌った「原爆をゆるすまじ」を初めて聴いたとのことなので、日本の若い人々に「原爆を許すまじ」のような歌をどう継承していくかも今後の我々の課題だ。

Q5　次回は日本のどんなことについて話してほしいですか。

次は、日本の文化についてという声が圧倒的に多かった。どうして日本語を学習しているのですかと聞くと、ニーラジャさんのように日本のアニメやジェーポップへの興味から日本語の学習に入ったという若者が多い。日本に行ったことのある参加者も半数くらいいて、さらに日本語と日本への関心を深めている方が多いようだ。次回も是非という依頼が日本語学校の校長先生から来るかどうかはわからないが、本人は夏に、今度は「日本国憲法と日本の社会について」をテーマに話しをする気十分である。

以上、チェンナイの日本語学校で、昨年夏の「日本の地理」に続いて今回「日本の歴史」のレクチャーをした報告を2回にわたってお届けしました。

南天竺通信　第36弾　　　　　　２０１８・２・27

今お薦めの本を二冊

その1『うたごえは生きる力～いのち　平和　たたかい　うたごえ70年の歩み』

うたごえ新聞の読者の方の中にはすでに読まれた方も多いだろうが、私はまだ手にしていない方のために簡潔にお薦めの言葉を書きたい。一言で言うと、現在うたごえの合唱団・サークルで活動されている方や何等かの形でうたごえ運動に関心を寄せている方には必読の書である。それは日本のうたごえ運動が戦後のどういう社会状況の中で生まれ、時々の国民の運動とどう結びつき、タイトル通り、うたごえが生きる力となり、いのち・平和・たたかいの源泉となってきたのかをこの書は70年の歴史を踏まえて見事に解き明かしているからである。長年にわたって日本のうたごえ運動の中核で活動されてきた高橋正志氏だからこそ書くことができた書で、私の言葉で言えば〝歴史それは未来への指針〟となる一冊である。

その2　インド映画のファンにお薦めの一冊『インド映画完全ガイド』

次にインド映画ファンならすでにお持ちの方もいらっしゃると思うが、まだの方のために是非お薦めしたいのがこの本『インド映画完全ガイド～マサラムービーから新感覚インド映画へ～』（2015年　世界文化社発行　2000円ｰ税）。簡単に内容を紹介すると序章「いま、インド映画が来てる！」では、この時点までに最新公開された4作品①きっとうまくいく　②マダム・イン・ニューヨーク　③めぐり逢わせのお弁当　④女神は二度微笑むを紹介。この4作品は今のインド映画を代表する作品なので、まだの方はＤＶＤで是非観ておきたい。第1章　インド映画のここに注目！　第2章　インド映画のスター！　第3章　見ておきたいインド映画ベストセレクション　第4章　インド映画の全貌　この章でタミル語映画のいま、を執筆されているのが深尾淳一氏。チェンナイ在住の南インド社会の研究者で大学の講師や在チェンナイ日本国総領事館専門調査員などを歴任され、現在は補習授業校の中学部国語の講師としてお手伝いをしていただいてもいる。私と同じくチェンナイ合唱部の団員で、先日の送別会の場でこれから1年間団長をお願いすることにもなった。この本も深尾氏から紹介いただき、序章の4作品のうち④の女神は二度微笑む、だけまだ観ていなかったのでＤＶＤを借り、さっそく観たらこれが息をもつかせぬサスペンスで2時間アッという間に観てしまった。定番の踊りが一切ないインド映画らしからぬ映画だが、これも現代インド映画の一つの傾向なのだろう。余談をもう一つ、この章のタミル映画のいまに紹介されている人気映画スターの一人、ヴィジャイの家は我がアパートメントが面している豪邸通りの一角にある。未だその姿は見たことないが、彼が主演を務めた映画をチェンナイの映画館で観たが確かに演技もダンスも見事であった。この通りでは時々映画の撮影も行われているのでそのうち生のヴィジャイや映画スターに出会うかもしれない。さてその後は　第5章　インド映画の多彩な要素　第6章　インド映画を知るためのデータと資料　と続く。私はチェンナイに赴任して来る前にインド映画のＤＶＤをレンタルビデオ屋さんで借りて随分観てきた。でもまだまだ観ていない作品、観たい作品が数多くあることを魅力たっぷりに、この本は教えてくれる。ということでインド映画ファンには是非お薦めの一冊です。

南天竺通信　第44弾　２０１８・３・12

インド映画の声優としてデビューか？

インド映画のファンの一人としては是非、映画の撮影現場を見たいと思ってきた。我がアパートメントの近くの邸宅で撮影がしょっちゅう行われているにもかかわらず、そこは部外者立ち入り禁止で今だ実現ならず。ところが今回ひょんなことで、あるインド映画の声の吹き替えを突然やることになった。いきさつはこういうことだ。先月24日にＡＢＫ日本語学校で行われたmusic festaの時に、我がチェンナイ合唱部の団長でインド映画にも精通している深尾敦一氏が窓口のインド人・スリラムさんから次のような声かけをされていた。今完成間近のインド映画で日本軍が登場するシーンがあり、何人か日本語での軍人さんの声の吹き替えが必要なので、その時がきたら声をかけます、ということだった。その依頼が先週木曜日に正式に来たようで、深尾氏から合唱部への一斉メールで、インド映画の日本語吹き替えをやってみたい人は連絡ください、ということだった。メールをを見た私と妻は即やってみたいですと立候補。私はＯ・Ｋとなり、今回は軍人役のみということで妻は却下。続いて来た連絡では、その吹き替えは今度の日曜日の午前中に行いますとのこと。えー、物事が進むのが日本に比べて数倍も遅いこの国のことだから、早くても４月か５月だろうと思っていたのに日本でも考えられないこの速さ。でも今週で良かった。来週だったら補習校の卒業式なので映画の方はキャンセルしなければならなかったから。

さて日曜日、集合場所の録音スタジオに９時半に集まったのは日本人では結局私と深尾氏とその息子さんだけ。妻は見学ということで同行。インド人側は映画のディレクターと録音技師の方たち4人。最初にディレクターからこの映画のアウトラインを聞く。アジア太平洋戦争で日本軍が東南アジアに侵略していった時に、シンガポールで英国軍との激しい戦闘となった。その時に、この映画の主人公であるインド兵がイギリス兵たちと共に捕えられ日本軍の捕虜となった。捕虜が次々に処刑されていく中で、主人公は危機一髪のところで助かる。そしてその後は？？？私たちの仕事は、その日本軍の上官と兵隊の日本語吹き替え。すでに映画の撮影は終わっていて、映画の場面を見ながら必要なセリフを入れていく。私は年齢の関係で上官役。最初に私と日本語堪能なスリラムさんが録音スタジオに入り、ヘッドホーンをあててガラスの向こうにいるディレクターの指示を聞く。英語の指示をスリラムさんが日本語で私に伝える。「歩けー」「撃てー」「かかれー」などを、スクリーンに映し出される上官の口の動きを見ながらマイクに向かって入れていく。難しいのはタイミングと声のトーン。中には返事の「うん」だけというのもある。何回かやり直しをして1時間半ほどで私の役は終了。普段と違う声の出し方をしたので終わった時には喉がひりひり。あとのお二人は兵士としての掛け合いのシーンもあり3時間近くかかってやっと終了。

お礼はジュース1本であったが、またとない貴重な体験であった。今回の収録でO・Kだったのか、やり直しがあるのか、ぼつになるのかはまだわからない。O・Kになったとしてもいつどこで公開されるのかもわからない。少なくてもチェンナイで封切りになったらすぐ観に行かなくては。好奇心を大切に、臆せず進めば新しい出会いが次々に生まれてくる。

日本語弁論大会に審査員の一人として参加

２０１８・３・25

３月24日の土曜日午後から在チェンナイ日本国総領事館主催の日本語弁論大会の審査員の一人として、チェンナイ市内のABK－AOTS DŌSŌKAI Tamilnadu Centre,Chennaiに行ってきた。他の審査員の方々は、在チェンナイ日本国総領事館首席領事の谷口裕子様、チェンナイ日本国日本人会会長の三浦宏康様、チェンナイ日本商工会会長の橋本勉様。チェンナイ補習授業校からは例年学校長がその務めを果たしてきたようで私など出る幕ではないのだが、この３月まで三年間務められた校長先生は３／19に帰国され、新しい校長先生の赴任は４／７とあって、先の校長先生から箱崎先生が３／24にチェンナイにいるようだったらやってくれないかと依頼され、ちょうど春休みの旅行の合間でいる予定だったのでお引き受けすることにした。私自身、55歳の時に退職後に備えて１年半かけて日本語教師養成の専門学校に通い何とか４２０時間の課程を終えて日本語教師の資格はとっていた。退職後には半年だけだが都内の日本語学校で中国人の留学生たちを相手に総合学科という日本の地理と歴史を教えたことはある。チェンナイに来て、ＡＢＫ日本語学校の先生方とお知り合いになり、ＡＢＫの校長先生からの依頼で日本語を学んでいる学生たちを対象に、昨年の夏休みは「日本の地理について」、今年の冬休みは「日本の歴史について」各1時間半を２回ずつお話しする機会をいただいた。そんなことで日本語を熱心に勉強している学生たちの弁論大会には大いに興味があったので、今回はこれ幸いにと行ってきたのであった。

スピーチコンテストは三つの部に分かれて行われた。初級の部のテーマは『私の家族について』で7人の学生が登場。時間は3分。勿論ノー原稿で。その後、2分間ほど質問がある。質問者は国際交流基金日本語アドバイザーの蟻末敦氏。日本語を勉強してまだ1~2年の初級者とは言えみんなうまい。そして、家族がいかに大切で愛しているかということがよく伝わってくる。中級の部のテーマは『もし100万円手に入ったら何をするか』で5人が登場。ほとんどの学生が日本に行って、あちこち旅行したい、今だったらお花見したい、○○を食べたいなど。上級の部のテーマは『忘れられない出来事』で5人が登場。さすがに皆さん淀みなくスピーチするし質問にも的確に応えられる。スピーチ終了後、4人の審査員が別室にてそれぞれの持ち点(評価項目は五つで各5点満点)を出し合い集計し3位までの入賞者を決定。その後審査結果の発表と表彰があり受賞者との記念写真を撮って終了した。そのあと出場者の皆さんとのティーパーティも用意されていて楽しく懇談した。若いインドの皆さんの生活や考え方の一端を日本語で聞くことができたとてもいい機会であった。こういう機会を与えてくれた皆さんに大いに感謝したい。ありがとうございました。ナンドゥリ。

南天竺通信　第71弾

日本語吹き替えに協力したインド映画を観てきた

２０１８・４・27

3月10日と12日に日本語の吹き替えに協力した映画の公開が始まり、昨日の夜、妻と一緒にフェニックスモールの映画館で観てきた。平日の夜の開始時間は午後7時なので、仕事を終えてちょうどいい時間だった。映画の題名は「Kammara Sambhavam」（カンマーラ　サンハバム）で、この映画の主人公の名前。言語は隣のケララ州のマラヤム語で、英語の字幕あり。上映時間は3時間2分で途中休憩が15分。お客さんの入りは30人ほどか。さて、どんな映画で、どの場面で私や深尾さん親子の声が登場するのかとまんじりともせずスクリーンに注目していった。英語の字幕があって助かったと思ったのは大きな間違いで、字幕の切り替えが早すぎて、1／3も読まないうちにどんどん先へ行く。たとえ読めても意味の分からない単語も多い。勿論話している言葉はさっぱりわからない。あっ、でもNoを意味するイッレイだけは聞き取れた。後でケララ出身のドライバーであるバルさんに聞いたら、マラヤム語とタミル語はよく似ていて、タミル語のイッレイはマラヤム語ではイッラと言うそうだ。ともかく聞き取りはできず、途中、ところどころ英国人将校が英語でしゃべるせりふも早口でほとんど聞き取れず、字幕は1／3も読み取れず、後はスクリーンを見ながらストーリーを想像していく。私のつくった簡単な筋書きはこうだ。ケララ州の農村に育ったカンマーラは幼い時に父親を領主に殺され復讐を誓う。成人したカンマーラは父親を殺した領主の家族に接近し、いつか復讐のチャンスをと狙う。時代は第二次世界大戦の時で、インド人は最初はイギリスの植民地ということで日本軍と戦う。日本軍が東南アジアに侵略してきた場面で日本軍の将校が登場し、捕虜を虐殺するシーンで「撃て」とか「撃ち方やめ」とかはっきり私の声とわかるセリフが出てきた。（もうちょっといい役だったら良かったのに、とは贅沢か）そのうちインドにはチャンドラ・ボースをリーダーに日本と接近しイギリス軍と戦い、独立を勝ち取ろうとする人たちが現れる。カンマーラと領主の息子もその中に入り、イギリス軍と戦う。その目的が達成されないうちに広島・長崎に原爆が落とされ、日本は降伏。領主の息子はインド独立はまだ早いとイギリスと組んで、独立運動の先頭に立っていたガンディーがマドゥライに列車で向かうところを暗殺しようと計画する。それを事前に察知したカンマーラは危機一髪のところで食い止め、疾走する列車の上での激しいバトルが展開される。何とか領主の息子を倒し、ガンディーは何事もなかったようにマドゥライに到着。しかし、カンマーラは救世主のはずなのに、なぜかイギリス側に捕らえられ、あやうく死刑になるところで解放される。ガンディーを命がけで救った英雄ということでカンマーラ人気は高まり、ついには独立後のケララ州の知事にまで登りつめる。その英雄の歴史が映画化され評判を呼ぶが最後に彼は語る。「歴史は勝者が自分に都合のいいように作り上げた物語である」と。さて、これがどれだけ的を得ているか深尾氏や、この映画の声の吹き替えに誘ってくれたスリラムさんに聞いてみなくては。インド映画でお馴染みの歌や踊りのシーンはこの映画では二か所あり、これはなかなかの見ものだった。私の人生初の声での映画出演はこのような次第であっけなかったが、吹き替えに挑戦できただけでもインドでの貴重な体験となった。

2018・5・6

佐藤香さんとの出会いと佐藤香さんの曲の魅力

私の歌の相棒、この人と出会ったから私の歌の数々が生まれた、その相棒こそ佐藤香さんだ。佐藤さんに最初に作曲していただいたのは、東日本大震災が起こった年の２０１１年8月であった。実はその前の２００７年頃に、私が東京で所属していたもう一つの合唱団・三多摩教職員合唱団で佐藤香さん作詞・作曲の歌を歌う機会があり、なかなかいいセンスの作曲家だと思っていた。その歌を紹介してくれたピアニストの堀井泉さんにお聞きしたところ、福島でその年に国鉄のうたごえ祭典というのがあり、そこで演奏されたこの歌が良かったので楽譜をいただいてきたとのこと。佐藤香という名前から女の人かと思っていたら、男で福島の中学校で音楽の先生をしているとのことであった。その佐藤香さんにいつか自作の詞に作曲してもらえたらいいなあと思っていた。その機会は突然訪れた。

２０１１年3月11日、忘れもしない東日本大震災が起こり、私のふるさとである東北の地が地震と津波と原発による放射能でずだずたにされ、２万人近くの死亡者・行方不明者が出、何万人もの人々が避難生活を強いられていることに唖然とした。しばらくは仕事にも合唱団の活動にも手がつかなかった。６月になってやっと、三多摩青年合唱団の有志と津波被害の大きかった三陸に足を運んだ。７月下旬、夏休みになって全国の先生方と共に石巻でのボランティア活動に三日間参加した。その中で生まれた詞が「あの日から」であった。この詞は同じ東北の地それも今、放射能汚染で痛めつけられている福島の佐藤香さんにお願いしなければと、長い手紙を書き詞とともに投函した。8月下旬佐藤さんから待望の曲が届き、それは私の意図したイメージの曲であった。この歌を今こそ歌い広め、被災地のことを忘れさせてはならないとあちこちに足を運んで歌った。その時から私の演奏スタイル、佐藤さんの伴奏入りのＣＤとカセットデッキをかついでどこにでも歌いに行くが生まれた。それからインドに来るまでの６年間の間に箱崎作次・作詞、佐藤香・作曲の歌が12曲生まれ、新曲が歌えるようになるとまず生徒の前で歌い、率直な感想を書いてもらった。多くは好評でそれに自信を得て、またあちこちで歌ったり自作のＣＤを作ったり、娘に頼んでYou Tubeに挙げてもらったりした。佐藤香さんとの念願のミニコンサートもインド出発前の２／26(日)に国立の１００人くらい入るホールで果たし、皆さんとしばしのお別れをしてきたのであった。

インドに来て見るもの聞くもの触れるもの食べるものなど皆珍しく次々に詞が生まれた。２０１７年の４月から12月末までの間に18の詞を書き、佐藤さんはその中から11の詞に作曲してくれた。２０１８年になってからは詞を書くペースはガクンと落ちたが、代わりに天竺通信を書くのが日課のようになった。一週間前に待望の「アジャンタ・エローラの遺跡は語り続けている」の譜面とＣＤが届き、目下格闘中。最初はなじみにくいな、歌いにくいなと思っていた曲も、するめのように噛めば噛むほど、歌いこめば歌いこむほど味が出てくる、それが佐藤さんの曲の魅力だ。初演は７／21(日)のＡＢＫ日本語学校での「日本の憲法と社会について」の講演で冒頭に歌う予定だ。その前にYou Tubeにアップなるか。娘とマニキルパ先生による素晴らしい英訳の詞も届いた。さあ、歌いこむぞ、体に沁みこむまで。

南天竺通信　第１０２弾　２０１８・６・７

伝統的なヨガの体験セミナーに参加

昨日６／６は、チェンナイ補習授業校職員の自主研修第2弾として企画した『ヨガ体験セミナー』に行ってきた。インドときたらヨガ、は日本人の多くが思いつくことだろう。私もインドに2年間いる以上はヨガを体験し、できれば帰国後に合唱団の人たちに学んだことを伝えられればと思ってきた。昨年6月、夏休みになってやっと近所のヨガ教室に妻と足を運んだ。受講者は３人プラス私たちで、先生の掛け声に従って様々なポーズをとるもので日本のルネサンスでやったものとほとんど変わらなかった。私の体は大変固く体がついていけないところが多々あった。１時間やって一人３００Rs。ただ毎日通うには時間帯が夕方６時からでちょっと遅いことと妻の方が肩が痛いと言ってこれっきりで終わってしまった。２月に娘がチェンナイに来るにあたってヨガ体験をしたいというので、合唱部や色々な人にどこがいいか聞いた。いくつか候補が挙がり娘も日本から電話してみたがいいところがなかなか見つからず、名古屋に指導にきたというヨガの先生を訪ねてカーンチープラムに行くことも考えたが遠いので断念。そこで私がタミル語を習っているマニキルパ先生にお尋ねしたところ、うちの旦那がやっていますよということでラージャルマン氏を紹介された。灯台下暗しとはこのこと。結局娘はチェンナイ滞在5日間のうち3日間通い、良かったと言って帰った。それで、私も一度体験してみたく今回夏休み中の職員自主研修として企画したという次第だ。

参加者は、当初７人の予定だったが、この四月に着任した若いU先生が当日になって体調不良を訴え参加を断念。例年、前期前半の疲れが今頃どっと出るときなので要注意。結局シニア5人に校長先生の奥さんの6人で、2台の車に分かれタミル語レッスンと同じ会場バダッパラニへ向かった。簡単な自己紹介のあと、講師のラージャルマン氏が用意してくれたメニューは、伝統的なヨガの紹介を2時間でということで以下の通りだった。

1　祈祷　これはヨガ教師と受講者との心をつなぐために行うものとかで、深呼吸してマントラという祈祷をサンスクリット語で行う。意味は、主よ（この主は誰でもよい）私たちをお守りください、主よ私たちを養いください、私たちが勇敢に働くことができますように、私たちの学習が光輝に満ちたものになりますように、私たちが共に憎しみ合うことがありませんように、平安あれ、平安あれ、平安あれ

2　ヨガの紹介　ヨガの意味はbody,mind,soulの一体化で心の不安を解消するものとか、その後ヨガの歴史と進化、パタンジャリヨガスートラ・ヨガの八本の肢体と続き、ラージャルマン氏が英語で話し板書するのをマニキルパ先生が日本語訳してくれるのだが、難解でよくわからないところも。これは本でまず基本を勉強しなくてはと思った次第。

3　その後アサナという基本ポーズを五つ紹介してもらい実際にやってみる。これは体の固い私にもできそうで体にも心にもとてもよいとか。さっそく今朝から妻とやり始めた。

最後にこの日の復習とマントラを唱えて終わり。なお、ヨガをやるにあたっては、朝か夕方がいい、シャワーはヨガの前がいい、床はある程度固いところで、自分の体に無理のないようにというお話しも。以上とても充実した2時間で、今日参加できなかったU先生と希望者を誘い、もう一度

体験して完全にマスターし日本に持ち帰ろうと思ったのであった。

南天竺通信　第１２３弾　　２０１８年７月20日

ＡＢＫ日本語学校でのお話し「日本国憲法にみる日本の国のあり方」を前にして

明後日７月22日(日)、チェンナイ市内にあるＡＢＫ日本語学校の特別プログラムである「わくわくクラブ」で、私にとっては５回目となる講座の機会をいただいている。昨年夏の「日本の地理について」今年冬の「日本の歴史」については各２回に分けて話したが、今回は「日本国憲法にみる日本の国のあり方」と題して１回で話す予定だ。約１時間20分程度の今回のプログラムを紹介し、自分の頭の中も整理しておきたい。

最初はあいさつ。これくらいはタミル語で簡単に挨拶したい。ここではタミル文字で書けないのでカタカナ表記にするとこんな具合だ。

・イエラールックム　ワナッカム　（皆さん　こんにちは）
・イエン　ペヤル　ハコザキ　サクジ　（私の名前は　箱崎作次です）
・イエン　ポーナワルシャン　エープラル　トウキョ　レルンドゥ　チェンナイック　ヴァンデーン　（私は去年の４月に東京からチェンナイに来ました）

・ナーン　イッポー　ジャパニーズ　スクール　エドゥケイショナル　トラスト　オヴ　チェンナイレ　アーシリヤル　（私は今チェンナイ補習授業校で教師をしています）
・イエナック　パーダウン　トゥアポーハウン　プディックム　（私は歌と旅行が好きです）
・ウンガラ　パーッタドゥラ　ロンバ　サンドゥーシャン　（どうぞよろしくお願いします）

挨拶のあとは恒例のオリジナルソングの披露。今回は6月にガンジス河畔の町・バラナシを訪れて生まれた「ガンジスの流れと共に」を初演する予定だ。

いよいよ本題。ここからは私の日本語を英訳してくれたカマルさんの通訳入りで進めていく。カマルさんには今回初めて英訳をお願いし、今週火曜日・17日の夜に我が家で打ち合わせをしたが、日本に5年間滞在したこともある優秀なエンジニアで今も日系企業で働いている。日本語を普通に話すことは勿論、漢字入り文章も読み書きできる。ガバメントスクール出身だが苦労して英語と日本語をマスターし仕事で生かしている。働き盛りの40代の典型的なインド人中間層で、日本人とのお付き合いが多いせいか、お酒もよく飲むし私以上に強そうだ。10歳の男の子と6歳の女の子の良き父親でもある。

さて内容の方は、以下の質問に応える形式でパワーポイントを使い進めていく。

Q1　日本国憲法について日本の学校ではいつごろから学ぶのか。
Q2　日本国憲法の三大原則を知っていますか。
Q3　日本国憲法による政治はいつ始まったのか。

Q4 日本国憲法の前には日本にはどんな憲法があったのか。
Q5 なぜ憲法を変えたのか。
Q6 大日本帝国憲法と日本国憲法ではどこが違うのか。
Q7 主権が天皇から国民になったとはどういうことか。
Q8 選挙権は今どうなっているのか。
Q9 今の憲法のもとでの天皇の位置づけは。
Q10 天皇は具体的にどんな仕事をしているのか。
Q11 日本国憲法のもとで国民の権利はどのように保障されているのか。
Q12 具体的に憲法にはどんなことが書かれているのか。
Q13 大日本帝国憲法ではどうだったのか。
Q14 日本国民はどうして他国への侵略や戦争をとめることができなかったのか。
Q15 国民の義務は今はどうなっているのか。
Q16 大日本帝国憲法と大きく変わった義務は何か。
Q17 日本国憲法の平和主義とは何か。
Q18 日本国憲法第九条にはどんなことが書いてあるのか。
Q19 第九条で放棄するとしたのは何か。
Q20 では自衛隊は何なのか。
Q21 非核三原則とは何か。

Q22　これまで憲法の改正は行われてきたか。
Q23　憲法改正の動きはなかったのか。
Q24　日本国憲法を歌った歌はあるのか。ここで私のオリジナル曲の「日本国憲法それは」の1番を歌う予定

そして、最後に妻と二人で「青い空は」を歌って終わり。残り時間でアンケートを書いてもらう予定だ。しかし、今こうして書きだしてみるとけっこう中身の濃い内容でボリュームもある。それを日本語初級者から中級者までバックボーンもいろいろな中で、たとえ英語の通訳が入るとしてもどれだけ理解してくれるか、そもそも最後までたどり着けるか不安になってきた。リハーサル無しの本番なのであとは全体の流れの中で調整していくしかない。折しも私が東京で籍を置いている三多摩青年合唱団は、明日21日が定期コンサート。１２００の会場を埋めるべくチケット売りと練習に奮闘してきて、いよいよ明日リハーサルと本番を迎える。テーマは沖縄と東北に音楽での連帯で、本日の東京新聞・多摩版にも大きく紹介された。共に頑張りましょうのメールをさきほど送ったところだ。

なお、今回日本国憲法のことを話すにあたって、国際教育学者の堀尾輝久氏にインドに来る前に言われたこと「インドで是非、日本国憲法第九条の素晴らしさを広めてきてください」を思い出した。そこで、堀尾先生が中心になって活動している「九条地球憲章の会」の事務局に「何か私がインドでできることがあれば教えてください」と二日前にメールしていたところ、昨日何と当の堀尾

先生ご自身からメールをいただいた。先生の論文と世界各国の人々に向けての呼び掛け文も添えられていた。堀尾先生と「九条地球憲章の会」の壮大な構想、すなわち、憲法九条に謳われている戦争と戦力の放棄を全世界のものにしていく、そのためには各国の市民にまず憲法九条の素晴らしさを伝え、それぞれの国の憲法九条をつくり、最終的には地球憲章にしていくという壮大な構想で、これに感激した私は今度の講演をその第一歩としようと決意した次第である。

南天竺通信　第124弾　　2018年7月23日

インドで「日本国憲法それは人類英知の結晶」の歌声を

「日本国憲法それは人類英知の結晶　人が人として生きる権利と平和を守るもの　権力から私たちを守る　かけがえないもの」と謳う「日本国憲法それは」(作詞　箱崎作次　作曲　佐藤香)の歌声がインド南東部の大都市・チェンナイにある日本語教室に響き渡った。

時は7月22日(日)の正午から約1時間半。場所はチェンナイで最も規模が大きく歴史のあるABK日本語学校の教室。集まったのはここで日本語を熱心に学んでいる11歳から50代までの学生さんたちで、昨年夏からここで4回講演してきたが、今までの最高の70人以上が参加し大教室はいっぱいとなった。それだけ今回の講演テーマ「日本国憲法にみる日本の国のあり方」に興味・関心を持つインド人がいたということだ。今日は私の38年間の中学校社会科教師・自称「歌う社会科教師」の意地にかけてもインド国民に日本国憲法の素晴らしさ、特に第九条のかけがえのなさを伝えるぞ、そんな意気込みで講演をスタートさせた。

タミル語による簡単な自己紹介の後、本題に入る前にいつもインドに来て生まれたオリジナル曲を歌うことにしている。今回は6月にガンジス河のほとりにあるバラナシ（日本には火葬や沐浴が行われている町として写真でもよく紹介されている）を訪れて生まれた「ガンジスの流れと共に」（作詞　箱崎作次　作曲　佐藤香）を初演する。事後のアンケートには「私たちインド人の伝統や日常風景をよく理解し歌ってくれた。メロディーもガンガーがゆったりと流れているようで素敵だった」などと書かれており好評だった。これもいずれＹｏｕＴｕｂｅにあげてより多くの人に聞いてもらいたいと思っている。すでにＹｏｕＴｕｂｅには「共にオールを漕ごう」「デカン走り抜けハンピへ」「アジャタとエローラの遺跡は語り続けている」の３曲あげているので、よろしければ聴いてみてください。

本題は、Ｑ＆Ａ形式でパワーポイントを使って進めていった。私が用意したのは、Ｑ1の日本国憲法のことを日本ではいつから学ぶのか、からＱ24の日本国憲法を歌った歌はあるのかまで24問。その間には、日本国憲法の三つの柱、大日本帝国憲法と日本国憲法の違い、なぜ憲法を変えたのか、日本国憲法の平和主義とは何か、第九条では何を放棄したのか、自衛隊は第九条と照らしてどうなのか、日本国憲法は改正されてきたのか、改正の動きはなかったのかなどを入れた。時間内に終われるか、はたしてどれだけ理解してもらえるか心配だったが、私の日本語を今回はカマルさんという日系企業で働いている優秀なエンジニアの方が英訳と通訳をしてくれたので時間内に終わることができ、「日本国憲法それは」と最後に妻と「青い空は」も歌うことができた。事後のアンケートも71枚集まり、ほとんどが英語で書いているので分析はこれからだが、心配していた内容の理解は、通訳もあってよく理解できたというのがほとんどであってほっとした。九条についてどう思うかは、インドにも世界にも広めたい素晴らしい条文だと絶賛する一方、自衛力はどうしても必要だという今のインドを取り巻く情勢からの声も多くみられた。日本国憲法第九条を世界にという「九条地球憲章の会」の活動に共感して私がインドでどんなことができるかが新たな課題となった。

なお今回は休み中にも関わらず職場の同僚が二人聞きに来てくれたことも嬉しかった。チェンナイ補習校と日本語学校との交流がこうした形で今後も続いていくことを願っている。

南天竺通信　125弾

7月24日

「非暴力・不服従」のガンディーをうんだ国の若者たちは日本国憲法の第九条・平和主義（戦争と戦力の放棄）についてどう思ったか。

報告者　箱崎作次（チェンナイ補習授業校教員）

1　アンケート実施日　2018年7月22日(日)
2　場所　インド南東部の都市・チェンナイにあるABK日本語学校
3　アンケート対象者　日本語学校で日本語を学んでいるインド人で11歳から50代までの70人以上。箱崎作次による講演「日本国憲法にみる日本の国のあり方」の受講者

4　アンケート実施方法　講演の中で、日本国憲法第九条を紹介し九条では戦争と戦力を放棄したこと。自衛隊についての政府の見解など英語の通訳を入れて説明した。講演が終わってからアンケート記入をお願いし、ほとんどの参加者が書いてくれた。71枚回収。

5　アンケートの記入内容の紹介　アンケートは5項目あり、その3項目めで「あなたは日本国憲法の第九条についてどう思いますか」と聞いた。回答は英語で書かれているので、辞書を引き引き箱崎なりに翻訳してみた。原文を見たい方は箱崎へどうぞ。

「第九条に好意的な意見」　25人

○日本国憲法第九条のことを聞いてとても幸せな気持ちになりました。こんな条文があることを知りませんでした。日本のことを誇りに思います。

○第九条は人類をあらゆる危機から救う大変素晴らしいものです。

○平和主義はその国の発展にとって欠かせない要素です。

○憲法の中で戦争放棄を謳っていることや非核三原則を宣言していることは全く驚くべきことです。

○日本の平和主義は世界の平和にとって素晴らしいイニシアチブです。

○第九条は現代の世代にとっては大変素晴らしいものだと思います。

○第九条は平和に関する支持できる条文です。

○第九条は世界の平和にとってより可能性を秘めたものです。

○とても興味深い、インドとは異なる条文ですね。でもいい条文です。
○日本国憲法の平和主義は日本のためだけでなく、世界の平和にとっても非常に崇高な内容です。
○ワ～素晴らしい。全ての国が持つべきものです。
○一切の軍事力を持たないという日本国憲法第九条は、戦争を防ぐために全ての国が持つべきものです。
○素晴らしい、とても興味があります。
○世界の平和にとってとても重要な内容です。
○個人的に大賛成です。世界の平和は今最も大切なものです。
○戦争と戦力を持たないというこのアプローチが私は好きです。日本がどうしてこのような条文を持つようになったか私は理解できます。
○優れた取り決めです。
○憲法第九条は大変素晴らしい。自衛隊は災害や緊急事態の場合のみ使われるべきです。
○現在の憲法は安全な生活のためによりよいものです。
○憲法九条は全ての国に適用されるべきものだと思います。
○憲法九条は世界平和を維持するものです。
○日本が戦争と戦力を放棄していると聞いてとても素晴らしいことだと思います。それは平和を維持するためにとても重要なことだと思います。
○平和へのよいステップだと思います。

「自衛隊(SDF= Self Defence Force)や軍隊は必要という意見」　17人

○世界平和という観点から日本国が掲げている平和主義は素晴らしいと思います。しかしながらＳＤＦもまた重要なコンセプトであることを私は信じています。

○ＳＤＦは強化すべきです。

○自衛力は国民を守るためにもっと強化する必要があります。

○ＳＤＦを持つのはいいことだと思います。

○ＳＤＦは現在の国際情勢の緊張関係からして必要な軍事力であると考えます。

○軍隊は国にとって大変重要なものです。

○素晴らしい条文です。でも現実的には十分でありません。

○最低限の自衛力を保つことは国民と国境を守るために必要です。

○軍事力は必要です。但し、それはインド軍のように先制攻撃はしない、というものであるべきです。

○私は第九条には賛成できません。なぜなら全ての国は自分の国を防衛する知識や方法を持つ必要があるからです。最低限度の自衛力では役に立ちません。

○素晴らしいアイディアです。しかし部分的には十分でありません。でも非常に重要です。

○第九条は軍事力を行使しないと言っています。自衛のためだけ使われるべきものであると思います。

○自衛のためにだけ軍隊を持つということは評価できます。
○ＳＤＦは維持すべきだと思います。

目下解読できていないのが11枚　この質問に無回答か関係のない回答が18枚

6　アンケートから思ったことと今後について若干

「非暴力・不服従」運動のもと独立を勝ち取った国、しかし周りの国ぐにとの緊張関係から軍隊と核兵器を持っているインドでは、日本国憲法第九条に対してどんな意見を持っているかは大変興味深いところである。今回の調査では、第九条に対して好意的な意見がやや多かった。中でも「九条のことを知って幸せになった。九条を持つ国・日本を誇りに思う」には私自身感激した。一方では軍隊や自衛力は必要であるという主張は日本人以上に強いように思われた。こういう中でこそ日本国憲法と日本国憲法第九条の素晴らしさを草の根でどのように伝えていくか、そして共に考えていくかが今後重要だと思われる。

南天竺通信　第127弾　　　２０１８年７月27日

日本国憲法第九条をインドの方々はどう思ったか　その2

７月22日のＡＢＫ日本語学校でのアンケートで英語のスペリングがわからず翻訳できていなかったものが11枚あった。不明のスペリングを昨日、タミル語のレッスンの際にマニキルパ先生に教えていただいたので、あらためて翻訳に挑戦した結果を次に記す。

○日本国憲法第九条はどこの国にとっても重要な、そして世界の平和を維持するための光を照らす素晴らしい条文です。

○戦争と侵略行為に走るのを否定するだけでなく、それを憲法の中にはっきりと入れているのは驚くべきことです。

○この条文は人々の生活をより良くするために素晴らしいものだと思います。

○この条文で戦争と軍隊を否定していることは、平和な日本を維持し、平和な暮らしができるようにするために最も良いものです。

○インドもこのようになればいいのにと思います。

○第二次世界大戦の惨禍を被った世界にとっても平和のために重要な条文です。軍事力は自衛力（ＳＤＦ）だけに限るべきです。

○ＳＤＦはその必要性によって、変更されるべきものだと思います。

○第九条は今日の世界においても理想的な条文です。でも万が一他国に攻撃されたときのリスクも持っています。
○第九条は正しいと思います。でもＳＤＦは持つべきだと思います。
○日本は自衛のために核兵器を持つべきだと思います。少なくともインドのような友好国の同意を得て。
○今日の世界を取り巻く状況においては日本国憲法第九条とＳＤＦについては様々な議論を呼ぶものと思われます。

よって前回の集計と合わせると、第九条に好意的な意見が30枚、ＳＤＦや軍事力は必要というのが22枚となった。これからこのテーマで色々なインド人と話してみたい。その際には日本国憲法第九条を説明できるよう、常に英文を提携しておく必要がある。ちなみにマニキルパ先生は、日本国憲法第九条のことを知らなかったし、核兵器までは必要とは思わないがＳＤＦは必要だという意見だった。それからガンディーについてのマニキルパ先生の捉え方は、勿論一番尊敬できる人物だが、それはあくまでも人間性としてであって、リーダー性やその考えについてはフィフティフィフティとのこと。これも色々なインド人に聞いてみたい。

もう一つ聞いていて興味深かったのは、現代のインドの若者たちは（自分の息子も含めて）自分の国に誇りを持っていない者が多い。まるで親を失った孤児のようで、親を求めて欧米諸国や日本に行こうとしている、というお話し。これについては次回もう少しお話しを聞き、他のインドの大人や若者自身のお話しも聞いてみたいと思った次第だ。以上。

南天竺通信　第１２９弾

２０１８年８月３日

いかにして世界の平和を維持していくかのアンケートと歌の試み

７月22日にＡＢＫ日本語学校で「日本国憲法」の話をした後に書いてもらったアンケートでは、日本国憲法第九条に好意的な意見が多い一方では、ＳＤＦ（自衛力）はどうしても必要であるという意見も少なからずあった。中には核兵器も必要という意見も一つだけだがあった。（南天竺通信第１２５弾、第１２７弾参照）ガンディーの唱えた非暴力・不服従運動のもと独立を勝ち取ったこの国では、非暴力の考えは今どう評価されているのか、一人ひとりのインド人は世界の平和をどのようにして維持したらいいと考えているのか、もう少追及してみたいと次のようなアンケートを作成した。ここにはあえて私の意見も書いておいた。これをカマルさんに英訳してもらい、まず身近なインド人からアンケート協力をお願いしてみようと思っている。九条地球憲章の会の代表委員である堀尾輝久先生のアドバイスを参考に、ガンディーの国であせらずじっくりと。

インドの方々への「世界の平和をどうやって維持していくか」のアンケート

作成者　箱崎作次　２０１８年８月

日本は第二次世界大戦の反省から国の根幹である憲法を改めて現在の日本国憲法のもと平和主義を掲げ、世界に向けて戦争の放棄と戦力の放棄を宣言しています。

日本国憲法第九条には次のように書いています。

日本国憲法第九条：

①日本国民は正義と秩序を基調とする国際平和を誠実に希求し、国権の発動たる戦争と武力による威嚇または武力の行使は国際紛争を解決する手段としては永久にこれを放棄する。

②前項の目的を達するため陸海空軍その他の戦力はこれを保持しない。国の交戦権はこれを認めない。

未だ戦乱が絶えない世界ですが、私はこの日本国憲法第九条の考え方とガンディーの唱えた非暴力主義を世界に広めることが、究極的に世界の平和を実現する道だと思っています。あなたはどう思いますか。次に掲げる考え方からあなたの考えに最も近いものを選んで記入してください。

1　日本国憲法第九条に書いているように、世界の国ぐにが一刻も早く、その国の憲法で戦争と戦力の放棄を掲げ、現在ある軍事力や核兵器を可及的速やかに縮小・削減し最終的にはゼロにしていく。軍事費削減で浮いた財源を教育や福祉の充実、雇用の確保と労働者の賃金アップなどに使い国民生活を向上させていく。

なお、どうしても世界の平和を脅かす国や勢力が表れた時に備えて、国連軍のようなものを持っておく必要があるかどうかは検討する必要がある。ガンディーの唱えた非暴力、非武装・中立も1の考え方に含まれる。

2　日本国憲法第九条は理想だが、現実的には今の世界を見ても一切の戦力をなくすことは自国の主権と国民を守るために危険なので、各国の必要に応じて自衛力（ＳＤＦ）は認める。

日本国憲法にＳＤＦを書き加えるか、現在の九条のままかは日本国民が決める問題である。

3　核兵器も含めて各国が軍事力を一定程度持つことによって、軍事力の均衡（バランス）で世界の平和を守る。核の抑止力が平和を保っているのも事実である。現在のインドはこの状態である。

お名前　　　　　　年令　　歳　自分の考えに近い番号↓（　　）番

※上記以外のあなたの意見や、1～3のいずれかに賛成の方でも、もう少し自分の意見を書いてみたい方はどうぞ書いてください。以上。

このアンケートの一番の目的は、日本国憲法第九条の存在とその内容を知ってもらうことにある。そんな思いから、次のような詞も書いてみた。7月22日から10日間かけてやっと昨日できた詞である。福島の佐藤香さんに送ったところ8月中には作曲してくださるとのこと。これも英訳してもらってちゃんと歌えるようになったらＹｏｕＴｕｂｅにあげて、インドの方々や世界中の人々に伝えていければと夢見ている。勿論、日本国憲法第九条についての講演の機会があれば冒頭か最後に歌う歌になるだろう。

世界を包もう　二つの灯で　２０１８・８・２

未だ争いやまぬこの時代を照らすは　二つの灯
我が祖国と　この国に生まれた　二つの灯

日本国憲法第九条は　世界に宣言してきた
正義と秩序を基調とする国際平和を誠実に希求し
二度と戦争をしない　戦力も持たないと
日本国憲法第九条　それは争いなき時代への灯

この国の非暴力・不服従運動は　訴えてきた
不屈の信念で　やばんには理性を　敵意には友愛を
非暴力こそ人類に託された　最大の力だと
非暴力と友愛　それは争いなき時代への灯

地球と未来世代を守る　かけがえのない二つの灯
一人から一人へ灯し　世界を包もう　世界を包もう

南天竺通信　第１３０弾　　２０１８年8月5日

夏の研修の最後は「カルナータカ音楽とインドの祭りについて」

チェンナイ補習校の夏の職員研修の最後は「カルナータカ音楽とインドの祭りについて」。五月にお招きしたスリラムさんの奥様・アールティスリラムさんにお話しと実演をしていただいた。アールティさんもスリラムさんと15年間日本で暮らしてきただけに日本語は達者で日本の生活や文化、日本各地のこともよく知っている。日本ではカルナータカ音楽の公演活動や教授もされてきた。お話しの中で新たに知ったことを箇条書きすると

「カルナータカ音楽について」

○インドでは何かイベントや新しいことを始めるときに必ず神へ祈りの儀式を行う。事業開始と商業の神様で太鼓腹と人間の身体に、片方の牙の折れた象の頭をもったガネーシャがよく祀られる。ここでガネーシャへの祈りの歌を披露してくださった。

○カルナータカ音楽の起こりは１４８０年で世界で最も古い歴史を持つ音楽の一つである。

○カルナータカ音楽はラーガという旋律とターラというリズムの組み合わせからなる。

基本音はスワラという七つの音で、低い方からSA,RI,GA,MA,PA,DA,NIと上がっていく。手でのリズムの取り方も決まっていて、掌↓小指↓薬指↓中指↓掌↓手の甲↓掌↓小指という順にもう一方の手か膝を叩いていく。そう言えば昨年末にカルナータカ音楽のコンサートに行った時に演奏者や、聴き手の中にも手を叩いている人たちがいたが、こういう規則性があることをここで初

めて知った。

「インドの祭りについて」

○南インドの代表的なお祭りのポンガルは1月15日前後から四日間行われる。これについては今年の一月に体験済みなので（南天竺通信第26弾）省略する。一つだけ、初日のボーギーでは一年間の古い物を町中で燃やすので大変な大気汚染となる。実際私たちもこの日の朝、チェンナイ空港に降り立つ予定であったが視界不良により2時間上空待機を強いられた。環境を守るという点から規制はないのかとお尋ねしたところ、みんなが楽しみにしているお祭りだから行政当局としても規制は難しいというお話だった。

○ディワリは全インドでのお祭りで光のフェスティバルとも呼ばれている。家々は電飾で飾られ、花火もうるさいくらいだそうだ。今年は11月5日月曜日がディワリなのでチェンナイで体験できそうだ。

○9月にはゴルというヒンドゥーの3女神（ドゥルガ、ラクシュミー、サラスバティ）を祀るお祭りがあり、女の子のいる家庭では日本のひな祭りのようにたくさんの神々を壇上に飾る。10日間続き、友だちや親せきが訪問し合う。去年は知らなかったので、今年はどこかインド人のご家庭を訪ねてみたいものだ。

○今はタミル暦のアーディ月で金曜日を中心に様々な祭りが行われる。そう言えば今朝のビーチにも15人くらいの男女が集まり、植物を立てて何やらお祈りごとをしていた。

という具合にお話しは進み、たくさんの質問にも丁寧に応えてくださった。ご夫妻をお招きしての夜の懇親会も色々な話題に花が咲き楽しいひと時を過ごしたのであった。以上。

南天竺通信　第１５７弾

今日はインドのひな祭りをインドの子供たちと楽しむ

２０１８年10月12日

今インドはヒンドゥー教の女神に祈りを捧げるお祭り「ナヴァラトリ」の最中である。今年は10月10日(水)に始まって10月19日(金)まで10日間続く。「ナヴァラトリ」とは九日間の夜という意味だそうだ。この間、女の子のいる家や学校では、日本の「ひな祭り」のように、いやそれ以上に何段もの雛壇にたくさんのヒンドゥーの神々の人形を飾る。この祭りのことの起こりは、日ごろ家事で忙しい女性たちがこの間は家事から解放されて、近所や親戚の人たちとの交流を深める、それによって若い女性たちが年配の女性からおもてなしの方法や立ち振る舞いを学ぶ機会とする。また、母なる女神のパワーを使って宇宙と全人類を結び、地球全体を活性化させる働きがこの「ナヴァラトリ」にはあるとのこと。（以上、インターネットより）真偽のほどはともかく今年はこの「ナヴァラトリ」を私たち日本人もたっぷり楽しんでいる。10月9日(火)に訪問したNatesan Schoolの講堂のステージにも大きい雛段にたくさんの人形が飾られていてびっくりした。そして今日訪問した学校でも。

今日は、10月４日(木)に訪問した2校目のVelammal New Gen School　の姉妹校に招かれて行ってきた。職場の皆さんにもご案内したが、昨日も社会科見学の下見で朝早くから動き回っているので、今回の参加者は箱崎二人ともう一人の先生の３人だけであった。セレモニーは9時に始まる予定だったのでゆとりをもってと8時半には学校に着いた。今回ご案内してくださるＡＢＫ日本語学校のヴァイシュナビ先生に「今着きました」と電話したら何と別のVelammal Schoolであることが判明。

ドライバーのバルさんに電話を代わってもらい場所を聞いてもらう。40分かけてやっと今日お目当ての学校に到着。その時は9時半になっていたので、もうセレモニーは始まっていて途中から入ることになるかと覚悟して車を降りたら、先生方と子供たちが待っていてくれているではないか。これにはびっくり。感謝と申し訳なさでいっぱいであった。日本だったらこの後の予定もあるからとセレモニーを始めているところだろう。本当に申し訳なかった。でも、先生方も子供たちも誰一人いやな顔をせず嬉しそうな顔で歓迎してくれている。この寛大さにも感激だ。そして、ホールには、七段の雛壇が設置され、ここでもかわいい神様たちのお人形がたくさん飾られていた。お隣にはＡＢＫの本部から借りて来たという日本の雛人形も。私たちが用意された席に座るのを待って、セレモニーは女の子の司会で始まった。インドの踊りや歌、日本の踊り、楽しい雛祭りの日本語での歌、雛祭りのお話しなど、小学1年生から8年生までたくさんの子供たちが演じた。踊りも歌もうまく、衣装もそれぞれに華やかで、子どもたちのお化粧もかわいく、いっぺんにインドの子供たちが大好きになってしまった。周りでは先生方や保護者の皆さんが嬉しそうに見ている風景はどこも同じだ。最後に校長先生から皆さんと私たちへのお礼のスピーチがあり歓迎の布までいただいた。私たちもお礼の挨拶と、ここでも「日本の秋の童謡・唱歌シリーズ」から3曲歌い喜んでもらった。その後、校長室でお茶をいただき、りっぱな学校案内の冊子もいただき帰路についた。今回もＡＢＫの先生方のご紹介でこんな素敵な、インドのひな祭りこと「ナヴァラトリ」を体験できたことに感謝。来年は是非、補習校の先生方全員に参加してもらいたく、またご案内くださいとお願いしてきた。

南天竺通信　第１５８弾　　２０１８年10月21日

インドの人々との交流続く、そして九条アンケートの中間結果は？

インドの学校を訪問するにあたってＡＢＫ日本語学校の先生方に大変お世話になったことが縁となってその後も交流が続いている。今回はそのいくつかを紹介する。

10月16日㈫先週12日のVelmmal New Gen Schoolの紹介と通訳をしてくれたヴァイシュナビ先生のご自宅に招かれて、「ナヴァラトリ」の雛壇と雛人形を見てきた。女の子の家庭だけのお祝いかと思っていたら、先生のお子さんは男の子一人。それでも5段の雛壇とたくさんのヒンドゥーの人形が飾ってあった。ヴァイシュナビ先生は15歳の時から日本語の学習を始め、日本語スピーチコンテストで優勝して南インドの代表として日本に研修に行ったこともある。25歳で今のトゥリバンミュール校を任され5年間で軌道にのせてきたバリバリのインド人女性だ。そんな先生のご自宅を妻と一緒に訪問できて嬉しかった。

10月19日㈮今回の学校訪問全体の窓口となり、夏には二つの職員研修会で講師をしてくださったスリラムさんご夫妻のご家庭に招かれて仕事が終わってから職場の先生方と行ってきた。スリラムさんご家族は日本での暮らしも長く日本の雛人形とインドの雛人形の両方が飾られていた。調度品の一つひとつも素晴らしい。来年大学受験という息子さんと中学2年生のお嬢さんも賢そうで、子供部屋には成績優秀者に贈られるトロフィーや盾もたくさん飾られていた。お茶とお菓子もおいしくいただき、スリラムさんの新たな事業「インドの水問題に日本の技術と提携して取り組む」の成功を祈りお別れしてきた。なお10月27日(土)の夜には、Natesan Schoolで通訳をしてくださったヴェンカーテスさんご家族が我が家に遊びに来る予定で、妻は料理をどうしようかと思案中である。

10月21日(日)2週間前の日曜日に続き、ABK日本語学校トゥリバンミュール校を訪ねる。前回は学生さんたちからのいろいろな質問に箱崎二人が応えるというのがメインだったが、今回はこちらが質問させてもらった。最初の質問は「皆さんの楽しみは何ですか。三つ挙げてください」というもので、十数人の学生さんたちから出てきたのは「映画を観ること、運動すること、日本語を勉強すること、家族とチェスなどのゲームをすること、コーヒーを飲むこと、歌を聴くこと、踊ること、スマホでいろいろ調べたり遊ぶこと、ビーチに行くこと、寝ること、日本のマンガをみること」などであった。次の質問は、かねてより一人でも多くのインド人に聞いてみたいと思っていた「世界の平和をどうやって維持していくか」。今まで私の知り合いのインド人7人に聞いた結果は、1の日本国憲法の平和主義とガンディーらの非暴力主義を世界に広めていくことではたった1人で、2の自衛力で自国の主権と国民を守ることが4人、3の核兵器も含めた軍事力の均衡でというのが2人だった。今回は1が6人、2が2人、3が5人であった。3を選んだ方にどうしてですかと聞いたところ、インドは日本と違っていろいろな国と国境を接していることや同じインドの中でもいろいろな人種や民族、宗教、考え方があることを挙げていた。非暴力主義も今の時代はどうでしょうか?と疑問を持っている人もいた。私が今回初めてインド人の前で歌った「世界を包もう二つの灯で」に好感を持ってくれたインド人が多かったのは嬉しかった。今後もこの調査は続けていきたい。そして一人でも多くのインド人に九条の素晴らしさを伝えていきたいと思った。

南天竺通信　第159弾　２０１８年10月29日

インドのカースト制度についてインド人に聞く

カースト制度はインドでは現在どうなっているのか微妙な問題なので、なかなかインドの方に直接お聞きする機会がなかったが、学校訪問の時に通訳でお世話になったAさんご一家を10月27日の土曜日の夜に我が家にお招きした際に率直なところを聞いてみた。その前にこちらの知識を整理しておきたい。カーストについて少し詳しく書いた本で私が手元に持っているのは「南アジア社会を学ぶ人のために」（世界思想社　２０１０年10月20日　第1刷発行）だが、難しいところもあるので、ここでは「急速発展する12億の若い国　インドのことがマンガで3時間でわかる本」（明日香出版社　２０１５年2月23日　初版発行）を参考にする。

私たちが日本の教科書で習ったインドのカースト制度は、古代インドのアーリア人の階層が起源となったもので、お馴染みの四つの身分、バラモン（司祭）、クシャトリア（王侯・武士）、ヴァイシャ（庶民・商人・農民）、シュードラ（隷属民）だ。インドではこれを四姓（ヴァルナ）と言う。四姓の下に、人間以下と見なされてきた不可触民（ダリト）がいる。各ヴァルナの中に、世襲の職業を伴ったジャーティというサブ集団が存在し、私たちが実際にカーストと認識するのはこのジャーティのことだ。ジャーティは内婚集団で新聞広告やウェブサイトでの結婚広告でも重要な条件として明記される。１９５０年に施行されたインド憲法では「カーストによる差別は否定する」となっているがカーストそのものは依然として存在し、社会のすべての役割はジャーティによって分担されている。多様な社会が共存するインドには不可欠な社会秩序であると見なされているのだ、とこの本は記述している。

以上の基礎知識をもとにAさんにお聞きしたこととその回答は

Q1　Aさんのカーストやジャーティは何ですか。よろしければ教えてください。こんなことをインドの方にお聞きするのは失礼ではないですか。

私のジャーティは〝ヒンドーコディカールカーラル〟になります。この意味は農業をやっている者ということです。カーストやジャーティのことを親しくなったインド人に聞くのはいいですが、初めての人やまだあまり親しくない人に聞くのは失礼です。

Q2　Aさんはカースト制度やジャーティについてどう思っていますか。

私は、カーストやジャーティの制度は今の世の中では必要ないと思っています。インド人も最近の教育のお陰でカースト制度からだんだん離れています。でも村ではまだ70％くらい残っています。

Aさんは二児の女の子の父親なので、インドのダウリ制度（南天竺通信第１４３弾　参照）についてもどう思うかとか、インドの学校教育のこと、タミル語やチェンナイの未来など様々なことを聞いたりお話しでき興味深かった。これもAさんの堪能な日本語力のお陰だ。今35歳の彼は、コインバトールの工学系大学のマスター時代から日本語の勉強を始めＩＴ技術者への道を捨てて、今は日系企業の通訳や日本語学校の教師として忙しい毎日を過ごしている。かわいらしい奥様も日本語の勉強を始めたところである。今度はディワリ（11／5～11／6）の時に、是非我が家に遊びに来てください、と誘われ楽しみにしているところである。

南天竺通信　第162弾

2018年11月9日

インド2年間の感謝を込めて　お別れコンサートの構想　第1案

1　日時　2019年3月の日曜日　候補としては　3／3　3／10　3／17　の中から日本語学校の授業が終わった12時頃から1時半くらいまでの1時間半以内に

※日本語学校の都合に合わせて決める

2　場所　ABK日本語学校の本校やトゥリバンミュール校、縁日本語学校の教室をお借りして

※本校のアヌ校長先生、トゥリバンミュール校のヴァイシュナビ先生、縁日本語学校のガヤトリ先生と相談して決める

3　コンサートの参加者　日本語学校の学生さんと先生方

※チェンナイ合唱部と補習校の先生方にもご案内する

4　コンサートの目的

○充実した2年間のインド生活を歌でしめくくる。

○日本に関心の高いインドの皆さんや特にお世話になった日本の皆さんに日本の歌とオリジナル曲を届けることによって感謝の気持ちを伝える。

○歌を通して日本とインドとの交流を少しでも深める機会とする。

5　コンサートの内容　全体を90分以内として

日本の歌　5曲で20分程度

箱崎作次　「雪の降る町を」「待ちぼうけ」
箱崎陽子　「花」「ゆりかご」「くちなし」
※伴奏は上村明子さんのピアノを正月に録音しCDにして流す
箱崎作次・作詞のオリジナル曲より3曲　20分程度
「二つの国のそれぞれに良きところ課題あまたあり」
「ガンジスの流れと共に」
「共にオールを漕ごう」
※伴奏は佐藤香さんの伴奏CDで
皆さんと一緒に歌いましょう↑日本の歌を一つ紹介し覚えてもらう　10分程度
候補曲　「ふるさと」　※伴奏無し　アカペラで
休憩後　30分程度の時間の中で
日本語学校の学生さんたちによるパフォーマンスがあればお願いしたい
なければ参加者の皆さんとの懇談

6　準備
11月～12月　日程と会場を決める　日本語学校の先生方と相談して
1月初旬　日本で上村さんとの練習　伴奏の録音
2月中旬までに簡単なちらしか案内文を作成し関係者にご案内する
2月下旬　簡単なプログラムの作成　歌には日本語歌詞と可能であれば英訳を入れる

Ⅳ 旅行編

南天竺通信　第2弾

タミル新年の日に世界遺産のマハーバリプラムへ

2017・4・16

4月14日はタミル暦の新年にあたる日だった。その新年の様子を見ようと、朝6時から妻とご近所へ散歩に行ってきた。道行く人に、昨日教わったばかりのタミル語で「新年あけましておめでとう＝イニヤ　タミル　プッタンドゥ　ヴァルットゥッカル」と手を合わせて挨拶すると、にっこりと微笑んで同じ言葉を返してくれる人がほとんど。中には手を握ってきてくれる人もいるほど。その国の言葉でにっこりと挨拶することがどんなに大切か実感したひと時でした。家の前では図形らしき絵を描き色を塗っている人たちもいて、これがタミル新年の風習の一つのようであった。住宅街の散歩道から少し左に曲がるとそこはビーチ。初日の出に向かって、これからの日々の健康と安全、仕事とプライベート生活の充実をお願いした。

この日は職場の同僚たちと、7世紀頃から南インドに栄えたドラヴィタ文化の宝庫で世界遺産のマハーバリプラムを見に行く。渋滞もなく、チェンナイから車で1時間ほどで到着。今にも転げ落ちそうで落ちない、かつて象にも引かせたが動かなかったという巨大な丸い花崗岩の「クリシュナのバターボール」、神・人間・動物などを岩に掘ったレリーフとしては世界最大規模と言われる「アルジュナの苦行」の見事な彫刻の数々、かつて7寺あったが長い年月の間に風や波にさらされ今は二つしか残っていない湾岸寺院。砂に埋もれていたのを掘り出した「ファイブ・ラタ＝5つの石彫り寺院」はドラヴィタ建築の原型だと言う。これら世界遺産をぐるっとひとまわり3時間もあれば十分見られる。今日のガイドはいつも職場への送り迎えでお世話になっているドライバーのバルサランさん。バルさんはかつて日本企業のドライバーを長く勤め、退職後の今は補習授業校のドライバーとして貴重な存在だ。そしてなかなかの博識家でもある。彼の英語はインド訛りが強くて（バルさんに限らずほとんどのインド人の英語は）聞き取りにくいところ多々あるが、一生懸命説明してくれるので少しでも理解できるよう耳を傾けているのが現状だ。視察後は海辺の2階レストランで昼食。久々に海の幸やインド米チャーハン、焼きそばなどをたらふくいただいた。たっぷり汗を流した後のビールも美味しく、充実した研修旅行であった。

南天竺通信　第8弾

この夏の世界遺産への旅

２０１７・７・20

7月にポーランドのクラクフで開催された世界遺産委員会で、新たに2か国21の世界遺産が追加され、現在世界１６７の国に１０７３の世界遺産があることになった。私は社会科教師として、歌で世界遺産の価値を生徒たちや市民にも伝えられたらと昨年「世界遺産の歌」（作曲　佐藤香）を作り、日本のうたごえ祭典のオリジナルコンサートでも紹介した。

でも、まずは自分の足で歩いて本物の世界遺産に触れることが一番と、この夏４か所訪れてきた。最初はインドのお隣の国スリランカへ。この国には現在八つの世界遺産があるが、その三つを訪れた。

一つ目は「聖地キャンディ」。ここは高原の湖のほとりに開けた美しい町でスリランカで長く続いてきたシンハラ朝の最後の都だったところだ。ここで特に有名なのが仏歯寺というお寺で、お釈迦様の歯が保存されていて２５００年以上も大事に守り続けられてきた。一日３回仏歯が保管されている本堂の扉がご開帳となる時間にちょうど行き合わせて拝むことができた。歯そのものは見られなかったが、あの黄金で包まれた器の中に本物のお釈迦様の歯があるのかと思うと、仏陀の存在が急に身近なものに思えてきた。

二つ目は「ダンブッラの黄金寺院」。何段もの階段を登った岩山の上にあった。今から１６００年前の石像も絵も塗料もよく保存されていて、何体もの見事な仏像彫刻に見入ってしまった。頂上からの眺めも熱帯のジャングルが一望出来て最高。スリランカは本当に美しい国だということを実感した。

三つめがこの国で最も見たかった「シーギリアの古代都市」。1時間半ほど喘ぎながら断崖絶壁の巨大な岩山・シーギリアロックを登っていく。中腹にシーギリアレディーズと呼ばれている壁画がある。よくもこんな急峻な岩山の壁に描いたものだ。それも今から１５００年もの昔に。その多くは長い年月の間に風化で失われたといえ、今も20近くの壁画が見事に残っていた。その美しさに感動。そして、やっと岩山の頂上にたどり着く。ここからの３６０度の大パノラマも圧巻だ。こんな岩山の上に城を築いた王様の心境はいかなるものだったのか。

そしてインドの世界遺産。インドには現在36の世界遺産がある。参考までに日本の世界遺産は、今回北九州の「神宿る島」宗像・沖ノ島と関連遺産群が追加されて21になった。チェンナイに一番近い世界遺産はマハーバリプラムでここは4月に訪れていた。そして今回は、インドに来たからにはここは必ずとチェンナイ合唱部の人に言われた「ハンピの遺跡」へ。

チェンナイからITの街バンガロールへ飛行機で1時間、そこから車で7時間ほどかけてハンピに到着。訪れてみてハンピは自然と人類の歴史が融合したまさに世界第一級の世界遺産だと実感した。ガイドブックに紹介されている所はほとんど歩いて回ったが特に素晴らしかったのは、今なお参拝客を集めるハンピの中心のヴィルーパークシャ寺院、ヘーマクータの丘からのハンピの町の眺望、かつての栄華を偲ばせる王宮地区、そしてハンピハイライトのヴィッタラ寺院だ。ここの山車は写真でよく紹介されていて、岩を削って作ったものだが本物の山車と見間違うほどの精密さだ。寺院の柱や壁に掘られたヒンドゥーの様々な神々や人間の姿態もおもしろく飽きさせない。まさに14世紀から16世紀にかけて南インド全域を支配し繁栄を極めたというヴィジャヤナガル王国の最高傑作品の宝庫だ。

インドの歴史は深く、様々な芸術家や民衆が活躍し今に引き継がれていることを改めて実感した。さてこの感動を詞にどのように表そうか。それがハンピをつくった人々から私に与えられた宿題だ。

ヒンドゥー教の聖地を訪ねる

２０１８年2月22日

日本で世界の三大宗教と言ったら、キリスト教、イスラム教、仏教のこと。しかし宗教人口で言うと、ヒンドゥー教徒は9億人を超し、仏教徒の4億人近くの倍以上となっている。ヒンドゥー教徒がインドやネパール、インドネシアのバリ島などごく一部に限られていることから日本では世界宗教に入れていない。B.C 5世紀ころ北インド（現在のネパール南部）に誕生した仏陀（釈迦牟尼、ゴータマシッダールタ）によって始められた仏教は、中・高校時代に歴史で勉強したように、B.C 3世紀のアショーカ王やA.D 2～3世紀のカニシカ王によってインド各地や周辺の国々に広められていったが、本家のインドでは4世紀以降ヒンドゥー教が主力となり仏教は次第に衰退していくこととなった。その辺の原因については諸説あり、いずれ調べてみなければと思っている。ともかくも現在インドでは13億人近くの国民の80・5％がヒンドゥー教徒、わずか0・8％が仏教徒となっている。（数字についても諸説あり）

それではヒンドゥー教の世界に暮らしてみて日常的に、ああここはヒンドゥーの世界なんだと感じることの一番は、チェンナイでもインドのどこの町でもちょっとでも歩けば必ず目にするヒンドゥー教の寺院とゴープラムと呼ばれるりっぱな塔門、そこを朝な夕なに訪れる人々。ゴープラムを飾る極彩色の彫刻の数々。寺院の中に入れば熱心に祈りを捧げているヒンドゥー教徒の人々。そして祀られているヒンドゥーの神々。ここでは人々の日常生活の中に宗教がしっかりと根付いている。我々異教徒が行っても不思議と心落ち着くところだ。

さてそんな熱心なヒンドゥー教徒の皆さんにとって、一生に一度は訪れてみたい聖地（イスラム教徒たちのメッカにあたる場所）と言えば、チェンナイから北に車で4時間ほど行ったところにあるティルパティと言う町の山の上にある寺院、ベンカティーシュワラ寺院である、ということを知ったのは昨年12月のこと。『地球の歩き方』にも載っていないので日本人観光客はほとんど行かない。私の周りの日本人でも行ったという人はほとんど聞かない。それでは是非ということで箱崎家の二人は祝日になった2月16日の金曜日に出かけた。ただし初めての地であるし、なにしろ何時間も並ばなければ寺院の中に入れないというから、ここはいつも利用している旅行会社に現地英語ガイドをお願いした。まだ夜も明けない5時半に出発し、車で3時間あまり北上。ティルパティの町では寺院参拝用の上着を買い、入場ゲートでの厳重なチェックを受けて山の上にのぼっていく。標高1000m近くに寺院はあるので比叡山延暦寺にでも行くような気分。眺望はいいし、何よりもゴミが一つも落ちていない。全インドがこうだったらとつい思ってしまうが、ここはバチカンのサンピエトロ寺院に次いでお布施の多いお寺とか。その一部がこういうところにも使われているのだろう。さて山上に着き、いよいよお寺の中へ。待つときは10時間以上もあるそうだが我々にはそんな時間はないので特別入場のお金を払い、さほど待つことなく入れさせてもらった。参拝できる時間が限られているので参拝者は追い立てられるように寺院の中へ。「ゴーヴィンダ、ゴーヴィンダ」という祈りの叫び声に合わせて、遠くに見えた神様に「家内安全と健康」をお願いした。わずか30分ほどの参拝に14時間かけて行ってきたその効果は。お布施と信仰心が足りなかったのか何と次の日曜日には二人ともお腹をこわし寝込んでいたのであった。

２０１８年２月23日

南天竺通信　第34弾

ヒンドゥー教の寺院巡りの続き

前号でティルパティのことを書いたが、私がこれまで訪れたことのあるヒンドゥー教の寺院の中でこれは是非というところで、まだ紹介していなかった寺院をここで書いておきたい。私が住んでいるチェンナイはタミルナードゥ州の州都だが地図で見ると州の北に位置している。車で２時間も北上すれば隣の州のアンドラプラデシュ州で、ティルパティはその州の南部にある町だ。タミルナードゥ州の南には広大な沃野が開け、古代から文明が栄え、いくつもの王朝が興亡を繰り返してきた。その反映としてこの州には二つの歴史と寺院関係の世界遺産があり、その一つのマハーバリプラムについては南天竺通信の最初の方で紹介した。もう一つは大チョーラ朝寺院群と呼ばれているものでタンジャーブールという町とその周辺に、世界遺産となっている三つのヒンドゥー教の寺院がある。世界遺産ではないが見事なゴープラムと彫刻で年中たくさんの参拝客や観光客でにぎわっているのがマドゥライのミーナークシー・アンマン寺院。ここをセットで訪れたのは昨年の12月下旬。学校が冬休みに入って直後のことであった。その時の印象を詩風に表していたのでここで紹介しておきたい。

インドはまことに偉大な国〜冬休みに、大チョーラ朝寺院群とマドゥライを訪ねて謳う〜

①チェンナイ・エグモア駅から　列車で7時間
南インドの穀倉地帯走り抜け　タンジャーブールへ
ここに世界遺産の　プリハディーシュワラ寺院あり
今から1000年前の建立　当時の世界で　big No.1
シヴァの乗り物ナンディーは　インドで　big No.2
クリスマス休暇と重なり　あまたの観光客訪れる
②もう一つ同じ名の　プリハディーシュワラ寺院は
車で2時間の　ガンガイコンダチョーラプラムにあり
息子の王が父王に負けずと作った　壮大なテンプル
三つ目の　アイラーヴァティーシュワラ寺院は
クンバーコナム近くの　ダーラスーラムにあり
数々の彫刻にうっとり　お土産は一つの女神像
③タンジャーブールから車で　約3時間　やっとここへ
マドゥライは紀元前後から栄えてきた　いにしえの都
町の中心に　ミーナークシー・アンマン寺院
極彩色に彩られた四つのゴープラムが　天をつく

ミーナークシー・アンマン神殿には　長蛇の列
中は今まで見たどの寺院より広く　人で溢れてる
ああインドは　まことに偉大な国　何千・何万の寺院にかけてきた
この技術、富、労力、エネルギーなどあれば　今の環境問題
富の不平等など　いとも簡単に解決できるのに

２０１７・12・24～12・27　記

南天竺通信　第48弾

念願のムンバイ・アジャンタ・エローラへの旅　その1

2018・3・20

補習授業校は３／18㈰に無事に卒業式を終え、夜は職員スタッフ全員での送別会と今年度のお疲れさま会を、よく利用しているビーチ沿いのレストランで楽しく和気あいあいと行った。10月に二人の先生が病気と看護を理由に急きょ帰ってしまった時にはどうなるかと思ったが、いろいろな人たちに支えられてやっとこの日を迎えることができた。本当に皆様お疲れさまでした。特に小学部の二つの学年の授業や中学部の数学の授業までされた校長先生、本当にお疲れさまでした。

次の日19日は午前中職場で片づけをしてから、ランチは日本食レストランへ。運動会のお弁当で体調不良になった人たちに提供されたサービス券をさっそく利用することにした。職場の４人で、天ぷら寿司定食、冷奴、ウォッカなど腹いっぱい食べ飲んで７６００Rsほど。うち５０００Rs分は

サービス券を使い残りは現金で支払った。でもまだ1枚残っているので今度はまた別の方と一緒に利用できる。最後は何ともラッキーに終わったお弁当事件でした。夜はこの日の深夜便で帰国される校長先生をみんなでアパートメントで見送った。なお新しい校長先生からは一人ひとりにメールでのご挨拶があり、こちらが返信するとすぐに返信メールが帰ってくるという具合に対応が迅速、そして丁寧。私も入学式やら最初の打ち合わせのことなど心配なことをメール文書でさっそくご相談したところだ。

そして今日から念願のムンバイ・アジャンタ・エローラの旅へ。6時にバルサランさんに迎えに来てもらって、まだ渋滞も始っていなく6時30分過ぎには空港に到着。すぐチェックインし8時25分定刻に離陸。予定通りムンバイには10時20分頃到着。今回もマサラツアーズさんにアレンジしてもらっているので何かと安心。ドライバーさんが迎えに来てくれていて、まずはエレファント島へ。当初予定していた日本語ガイドの方は鉄道のストライキで来られなくなり代わりに年配の女性がやってきた。聞くところによると大学ではフランス語を専攻し、その後結婚して主婦を20年ほどしていたが、趣味として始めた日本語学習にはまり、めきめきと上達して今は日本語ガイドや日本語教師をやるようになったとか。エレファント島の石窟の歴史や岩に刻まれたヒンドゥーの神々の由来を詳しくガイドしてくれた。ムンバイの桟橋から島まで約1時間の船旅も風が心地よく、島に着いて長い桟橋をミニSLで行くのも楽しかった。石窟までの階段の上りはちょっと苦しくかったが、その後に現れた石窟の見事さ。岩山を全部人間の手で堀進め、高さ6m、広さ20m四方の空間をつくり、20本ほどの石柱で支えている。壁面にはシヴァ神を中心に様々な神々が彫られている。シヴァ神は破壊の神様だが悪いものを破壊する神様なのでみんなにありがたがれているとか。またシヴァリンガもあちこちで見られるが、これもパワーと繁栄の象徴で崇められている。そんなおもしろいヒンドゥーの神々のお話しも最近のインドの子供たちはテレビやネットの方に夢中で見向きもしなくなったとか。日本語を勉強しているインドの若者たちの中にも自国の歴史や文化を語れない者が増えているとも。いずこも同じですな。では、明日は3時起きでいよいよアジャンタへ。夕食をいただいたら早めに寝なくては。（3／20　pm7：20）

南天竺通信　第49弾

2018・3・21

念願のムンバイ・アジャンタ・エローラへの旅　その2

アジャンタのたくさんの洞窟の壁や天井に描かれた一つひとつの絵の美しさ、精密さ、芸術性などを何と形容したらぴったりくるだろうか。今から1500年以上前に描かれた絵がこんなにも美しく、色鮮やかに、ち密に、様々な工夫を凝らして残されているとは。昨年夏に訪れたデカン高原のハンピの遺跡に負けず劣らずの素晴らしい世界遺産と今日出会うことができた。朝3時半にムンバイのホテルを出発し空港へ。5：15に離陸しアウランガバードの空港まではわずか1時間のフライト。やっと夜が明けてきた。なぜこんなに早く出発したのかがガイドさんの説明でやっとわかった。ムンバイからのこの便を逃すともう夕方の便しかないのだ。今回の日本語ガイドさんは私と同じ歳の男性で、もう38年間ガイドをやっているとか。ヒンドゥー語は勿論、日本語、英語、スペイン語もできるので世界各地からアジャンタやエローラにやってくる観光客を案内している。一番の観光シーズンは少し涼しくなる10月過ぎから2月くらいで、これからチェンナイ同様どんどん暑くなる3月〜6月は観光客も減り、ガイドさんも私たちの後はしばらく仕事がないので長期休暇に入る。二人の娘の結婚式には膨大なお金をかけたとか、お孫さんのこととか公務員には年金があるがフリーランスのガイドには年金がなく老後の生活が心配など、同じ歳ならではの話題を国籍を超えて話しできるのも嬉しい。それも彼の日本語力が確かなお陰。それが見事に発揮されたのが壁画や天井画の一つひとつの絵の解説の時。洞窟の中には電灯がなく暗いので彼が懐中電灯で照らして解説してくれる。仏陀の生前や誕生の物語、29歳で出家し80歳で入滅するまでの物語など一つひとつの絵が物語の一場面になっているのもおもしろい。中でも見事な絵は、法隆寺金堂の壁画のモデルとなっている第1窟の蓮華手菩薩。ガイドブックの解説にある、憂いをたたえたその表情は優美の一言に尽きる、がそのまま当てはまる。この絵が描かれたのが6世紀。法隆寺金堂の壁画が描かれたのが7世紀。インドの絵師が日本にやってきて描いたのか、日本の絵師がここに来て学んで描いたのか。はたまた別の手段があったのかと1500年前に思いを馳せる。このアジャンタの遺跡は紀元前2世紀ころからつくられ始め、はじめは仏像がなくストゥーパ（仏舎利）が置かれた上座部仏教の時代のもの。5世紀ころからは仏像がある大乗仏教期の時代のもので7世紀ころまでさかんに岩山が彫られ、絵が描かれ仏像がつくられた。しかし7世紀以降、インド全土での仏教の衰退と共にここからも僧侶たちが姿を消し、いつしか忘れ去られジャングルに覆われてしまった。発見されたのは１８１９年。マドラス、今のチェンナイに駐屯していたイギリスの騎兵隊士官ジョン・スミスが岩山の見張り台から対岸を双眼鏡で見ていたらジャングルの上の方にわずかながらアーチ状の建造物が見えた。これが今は第10窟となっているチャイティア礼拝堂だったのだ。

この第10窟には彼の署名入りの落書きも残っていた。現在、アジャンタには30の石窟があり、ワーダラー川を三日月状に囲むようにならんでいる。この全景がまた素晴らしい。ここは是非多くの日本人に訪れてほしいところだ。「デカン走り抜けハンピへ」のような歌が生まれるかどうか。明日のエローラ訪問がまたまた楽しみになってきた。（３／21 pm６：40）

南天竺通信　第50弾

念願のムンバイ・アジャンタ・エローラへの旅　その３

２０１８・３・22

昨日のアジャンタ訪問記で大事なことを書き忘れていた。まず、ここを訪れるなら観光シーズンが終わった今の時期がベストだということ。観光客がほとんどおらず名画を独り占め出来る。これが観光シーズンなら満員電車のようで動きも取れず名画もよく見えず、ガイドさんの声もよく聞こえないそうだ。それからもう一つは英語をよく解する人ならともかく、私たちのような平均的な日本人なら今回のShevaleさんのようなアジャンタ・エローラの歴史と芸術性に造詣の深い日本語ガイドさんに案内してもらうこと。最後に一人旅が好きな人はそれとして、感動を共感できる相棒と旅を共にすることだ。それではエローラの旅へ。

アウランガバードのホテルから車で50分ほどでエローラに到着。ここには仏教・ヒンドゥー教・ジャイナ教の三つの宗教の石窟寺院が岩山に掘られている。全部で34窟あるが私たちは一番左奥にあるジャイナ教寺院から見学した。日本ではなじみのないジャイナ教とはShevaleさんの説明によると、起源は仏教と同じ紀元前5世紀ころで、マハーヴィーラーを開祖とし、12人の使徒によって伝えられていった非常に戒律の厳しい宗教だ。ジャイナ教の僧や信徒は徹底した非暴力・不殺生主義で菜食主義者。僧は一糸まとわぬ姿で修業し持つものはお皿と箒だけ。皿は托鉢のため、箒は座る時に蟻をも殺さぬためだ。どこかに行く時も素っ裸だそうだ。日本では軽犯罪法違反ですぐ捕まるところだが、この国では宗教上の理由で許されるらしい。信者たちも戒律に厳しく菜食主義者だが商売を営んでいて金持ちも多いとか。それゆえジャイナ教の寺院はりっぱで様々な彫刻が施されている。ここエローラの寺院は9世紀に掘られ始め三つの宗教の中では一番遅い。五つの石窟があり第32窟が最大で石像や柱の彫刻はさすがに見事。石像は仏陀とよく似ているが違うところは法衣をまとっていないところだ。さしずめ私もチェンナイの我が家ではジャイナ教の僧と同じだがこれ以上は言及しないでおく。シャトルバスで正面に戻り、目指すはエローラ最大の石窟寺院・第16窟のカイラーサナータ寺院だ。17窟あるヒンドゥー寺院の最大のもので、8世紀の中ごろから150年間にわたって岩山を奥行き81m・幅47m・高さ33mも切り開いた。その中にはヒンドゥー寺院によく見られるゴープラム(塔門)、ナンディー堂、リンガを祀る本殿などがある。インドの神話「ラーマーヤナ」の物語も細かい彫刻で壁面に施されている。大昔、インド南東部に突き出た半島・ラーメーシュワラムとスリランカは石橋で結ばれていたという神話が実は本当かもしれない。近年NASAが宇宙からの写真で、海底に眠る石橋の遺跡らしきものを見つけたとかで、真偽のほどをインターネットで調べてみなくては。妻はよほどこのエローラが気に入ったようで、岩山に上り寺院の屋根部分の獅子の像を見ても感動していた。私は暑さと疲れとお腹がすいてきてへとへと。仏教寺院の方は昨日のアジャンタとそんなに変わらないということなのでパスしてやっとレストランへ。ミールスに似たカレーを食べて息を吹き返す。帰りはお土産屋さんに寄って、夏に秋田に帰る時に姉貴や兄貴へのお土産としてテーブルクロスを。我が家にはベッドカバーを、妻は自分へのお土産としてカシミヤのショールを買ったのであった。私はTASMACに寄ってもらってラムの小瓶を買っただけ。充実した二日間を終え、これからムンバイへ戻る。（3／22 pm5：15 空港にて）

南天竺通信　第51弾

念願のムンバイ・アジャンタ・エローラへの旅　その4

２０１８・３・23

昨日はエローラまでの行き帰りの車の中でガイドさんとドライバーさんに私のオリジナル曲「デカン走り抜けハンピへ」と「共にオールを漕ごう」を聴いてもらった。日本語がわかるガイドさんは、とてもいい歌だ、感動した、インド人として嬉しいと褒めてくれた。それに気をよくして、アジャンタとエローラの歌も是非作らなければと一昨日からずっと考え続けて、今やっとここまできた。

アジャンタとエローラの遺跡は語り続けている　２０１８・３・21〜３・23

１．洞窟に響く　１５００年前の　槌の音　人々のざわめき
ライトに照らされた絵から　本物の真珠の　きらめき
子どもらの学ぶ姿　今と同じ　後ろで　遊んでいる子らも
されど　栄枯盛衰は　この地でも　仏教の衰えと共に
いつしか忘れさられ　ジャングルの中に埋もれ　千年
落書きに記された　１８１９年　こつ然と　よみがえる
千年の時を経ても　今なお　彼らは　語り続けている
人はなぜにこの世に生まれ　何をなすべく生きるのかと
ここは世界最高峰の　石窟寺院と絵画の地　アジャンタ

２．１９８３年　この国初の　世界遺産として登録　同じ年には
仏教　ヒンドゥー教　ジャイナ教の石窟寺院　エローラも
ヒンドゥー教最大の寺院づくりは　７世代　１５０年かけて
壁には　ラーマーヤーナの神話も　ことこまかに　描かれ
大昔　この国とスリランカを繋いでいたという　石橋も
今　ＮＡＳＡは　海底に眠る　石橋らしきものを　見つけた
アジャンタ　エローラの遺跡は　私たちに語り続けている

人類はどれほど進化したのか　人の生きがいは　何かと
ちっぽけでも　マイミッションを持ち続け　成し遂げよと
マイミッション　私がこの世でなすべき使命とは　何？

あと何日間か練ってこれで良しとなったら佐藤香さんに送ろう。佐藤さんも来年度からは中学校の音楽に戻り、部活指導も含めてことさら忙しくなるようだ。作曲してもらうなら今のうちだ。さて三泊四日の旅も、今日午前中にムンバイ観光をして終わり、夕方にはチェンナイに戻る。インドに赴任することが決まってから、是非行かなければと思っていたアジャンタ・エローラ訪問が適い、期待していた以上の感動を胸に帰路につく。（3／23 pm 3：30）

南天竺通信　第１００弾

今年度第2弾の職員研修旅行でカーンチープラムへ

２０１８・６・４

天竺通信は今号で第１００弾を迎えた。昨年4月から書き始め、年末までには22弾であった。年が明けてから少しずつペースが早まり、1年間で50弾超すかな思っていたら、3月末で55弾に、そしてインド生活2年目を迎えた4月・5月の二か月間で44編も書き、ついに今号で１００弾を迎えることになった。20数年前のドイツ・フランクフルト時代は『箱崎作次のドイツ通信』を書いてうたごえ新聞社に送ったが、新聞に未掲載分を入れても3年間で30編弱であった。あれは確かに、うたごえ新聞へ投稿することを目的に書いたものであった。そして、そんなに書き続ける時間的ゆとりも精神的ゆとりもなかった。季節的そう鬱症で半年間書けないという時期もあった。ところが今回の天竺通信は、うたごえ新聞への投稿は勿論だが、将来一冊の本にするかもしれないという大目標があって書いている。それに今は時間的にも精神的にもゆとりがある。というわけで、書きたいことがあれば今後もどんどん書いていくつもりだ。そして、インド生活では書きたい話題がいっぱいあるのだ。

それでは記念すべき『南天竺通信』第１００弾の話題は昨日のカーンチープラムへの職員研修旅行について。日本で現役の頃の職員旅行と言えば、１年に一回の一泊職員親睦旅行で、伊豆・箱根・草津などの温泉地であった。中学3年の卒業式が終わった後も学年の職員で〝3年間お疲れさまでした〟とよく温泉地に行った。それもだんだん参加者が少なくなって実施が困難になり、職員全体での親睦旅行をやっている職場は今日本でどれだけあることか。ところがチェンナイに来たら、4月の休日に2回日帰りの職員旅行があり、夏休みには一泊の職員旅行もあり、よくやるなと感心していた。そして2年目になり今度は自分たちが準備する番になった。この職員旅行は職員の親睦は勿論だが、インドの歴史・文化理解を第一の目標としている。今年度も場所は昨年度と同じだが、より理解を深めるために南インドの歴史研究者である深尾淳一氏をガイドにお願いした。第１弾は4／28(土)の世界遺産・マハーバリプラム研修で、この時の深尾氏のガイドが素晴らしく今回もお願いすることになった。

参加者は職員7人と校長先生の奥さん、それに深尾氏の9人で3台の車で7時に出発。目指すカーンチープラムはチェンナイの南西部にあり車で2時間ほど。途中、日本人駐在員が働いているルノー日産やコマツなどの工場があり、そこを過ぎると水田地帯の鮮やかな緑が目に飛び込んできてほっとする。カーンチープラムはヒンドゥー教の聖都と呼ばれ、1000ものヒンドゥー寺院があるとか。今回も『地球の歩き方』に紹介されている代表的な寺院であるカイラーサナタール寺院からエーカンバラナータル寺院、ワラダラージャ・ベルマール寺院と回った。深尾氏の解説で昨年よりも一層理解が深まったし、昨年見られなかった仏陀の遺跡も二か所案内してもらった。ランチは安達先生が選んでくれたベジタリアンのバイキングに酒飲みたちの要望も聞いてくれてビール付き。ランチ後はドライバーのバルサランさんの案内で絹織物工房を見せてもらって帰路についたのであった。これで参加費は全て込みで一人2000Rs（約4000円）は日本に比べるとはるかに安い。さて、第3弾の研修旅行は夏休み後半の7／27㈮～7／28㈯にポンディチェリーへ。ここは南インドのフランス風の町でワインが安くおいしい。今回はみんなで同じホテルに泊まり交流するのも楽しみだ。以上。

ガンジス河への旅　その1

6月12日㈫　仏教の聖地・サールナートとガンガーの聖地・バラナシへ

午前2時半にバルさんの運転でチェンナイ空港へ。この時間だと渋滞もなくたった30分で着くからありがたい。チェックインも何ら問題なく予定通り5時に離陸。2時間後、プリーという町（?）で乗客の乗り降りがあり40分ほど待機。そして今再び雲の上で、目指すバラナシまであと40分ほど。（am8：05）予定より10分ほど早くバラナシ空港に到着。ここでガイドをしてくれるパーテルさんが出迎えてくれていて、まずはサールナートへ向かう。サールナートは仏教の4大聖都として知られる町。すなわち仏陀が生まれたルンビニ（ここだけネパールにある）、覚りを得たブッダガヤ、その後初めて5人の弟子たちを前に説法したサールナート、そして入滅したクシーナガラ。サールナートでの最大の見ものは、インド紙幣の左下や右下に描かれている四つの頭を持つライオンの像のオリジナルがここの考古学博物館で見られること。この像は紀元前3世紀にあらわれたアショカ王が仏教が四方に広まるようにと作らせた石柱の頂上にあったもの。その後イスラム勢力によって破壊され、柱部分の根元はダメーク・ストゥーパ・モニュメントサイトの公園の中に、頭の部分は博物館に保存されることになった。砂岩で作られた像は2300年前のものとは思えないくらいピカピカに輝き、ライオンの頭他、象・馬・牛・ライオンの像の彫刻も見事。インド国旗の真ん中に描かれている法輪のオリジナルもあり、24本のスポークはすでにこの時代に、一日は24時間であることを示したものとか。前述の迫力あるダメーク・ストゥーパの仏塔や日本人画家が描いたブッタの生涯の壁画が見られるムールガンタ・クティー寺院など、かつてこの地で栄えた仏教のなごりを垣間見ることができるのがサールナートであった。バラナシに戻る途中にシルク工房により、ここで作られた見事なシルクの壁飾りを秋田県横手市に住む私の姉への新築祝いにと買った。その後今日泊まるホテルにチェックインしやっと食事にありつけ、中華をたらふくいただいた。実は飛行機で機内食は出ず朝食抜きであったのだ。食後はたっぷりお昼寝。覚めたらもう夕方、これからプージャーを見に行く。（pm５：45）

ホテルから車で15分ほどで人と車、バイク、リクシャ、人力車などでごった返す中心部に入る。その先は車を置いて雑踏の中を、はぐれないよう物取りの被害にあわないよう気をつけながら歩いて10分ほどでガンジス河が望めるダシャーシュワメード・ガートに着く。今の時期のガンジスは乾季で水少なく中州も見えるが、これが8月からの雨季になるととんでもなく水量が増し、ガート（階段）も見えなくなるほどとか。水の汚れがどの程度かは明日の早朝の散策を楽しみに。夕暮れのガートはすでにたくさんの市民や巡礼者、旅行者でにぎわう。５００Rsで眺めのよいテラスに陣取り7時から始まったプージャーの様子を飽かず眺め、祈りの音楽に聴き入る。久々に私のサラスバティが降りてきて詞の構想も湧いてくる。１時間ほど浸って人々の熱気の中でたっぷり汗もかき帰路に着く。あれだけの人ごみの中を無事ホテルに戻ることができたのも、ガイドさんがいたからこそ。シャワーで汗を流し、レストランで今度はインド料理をたっぷりいただき長い一日を終えた。（pm10：00）

南天竺通信　第１０６弾　　２０１８・６・１３

ガンジス河への旅　その2

6月13日㈬　ガンガーの沐浴・火葬シーンを見る　路地散策も楽し

夜もそろそろあける頃かという早朝5時過ぎからのガンジス河ボート乗りと路地散策はまことにおもしろいものであった。念願の沐浴や火葬シーンも見られた。ガンジスでひと泳ぎと思ったけれど妻に制止されそれは今回断念した。でもそれこそ老若男女が沐浴と泳ぎを楽しんでいた。川の水はたしかにきれいとは言い難いが、手で触れてみたら温かいし、ヒンドゥー教徒にとってはガンガーでの沐浴で罪を洗い流すことができるというのだからまことにありがたい母なる河なのだ。火葬場では今まさに火葬中のようで二つ、三つ炎と煙があがっていた。残った骨と灰をガンガーに流すことはヒンドゥー教徒にとって最後の願い。すぐその側では子供たちが泳いでいるのだからインドという国はまことに奥が深い。ガートを上がった狭い路地には小さいお寺や民家、お店もたくさん。牛もたくさんいて、まだ朝の6時半頃というのに混雑していた。ここでガイドさんの知り合いのお店に入って、お茶やコーヒーに入れるとさらに味が引き立つという香辛料を買った。１０００Rsなり。帰りにインドの地図が床一面に大理石で彫られているお寺に立ち寄る。１／２０００の縮尺でインドの大地の地形がまことによくわかる立体地図であった。これは『地球の歩き方』には載っていないので行ってみたい方はMOTHER INDIA TEMPLE で検索をどうぞ。7時半にホテルに戻り、今少し書いたところで朝食としよう。もうバッテリーがなくなってきたので今回はこれで終わりかも。

その場合はメモ書きしておいてチェンナイに戻って書くことにするのであしからず。昨夜と今朝ガンジス河を歩いて生まれた詞、まだ完成詞ではないが書いておく。（am８：00）

母なる河・ガンジスと共に

1．ガンジスの流れは　ヒマラヤより来たり
人々の喜怒哀楽　清濁　呑みこんで
大河となりて　ベンガルにそそぐ
また　天に昇りて　ヒマラヤへ還る

2．ガンジスの流れは　人々の罪を洗い流し
亡くなりし後は灰となり　大河に消えゆく
すぐ側で　沐浴　水遊び　歯磨き　洗濯も
人々の営み　今も変わらず　母なる河と共に

3．ガンジスのガートに　朝に夕に集う人々
愛しき人たちに　今日も幸多かれと祈る
我も同じ　愛しき人たちに　そして世界に
オーム　シャンティ　オーム　シャンティ
世界がいつまでも　平安でありますように

南天竺通信　第107弾

2018・6・14

ガンジスへの旅　その3は　カジュラホ編　その1

6月14日㈭　難行・苦行の夜行列車の旅でカジュラホに入る

昨日のランチはバラナシの北インド料理レストランでいただいた。チェンナイのミールス（カレー）より種類も多く味も良いので、これはお薦めと写真を撮り職場のラインＪＳＥＴへ送った。今回も気に入った写真をＪＳＥＴ他、日本の息子と娘、東京の合唱団、秋田の姪っこ、かつて一緒に働いた皆さんでラインで繋がっている人たちに精力的に送っている。それは他ならない、インドの魅力を少しでも多くの友人たちに伝えたいからだ。ランチ後はホテルで休憩し、この間にレストランで7／22に行うＡＢＫわくわくクラブでのレクチャーの構想も練ったりして夕方5時にバラナシ駅へ向かう。インドで列車に乗るのはこれで3回目になるが過去2回とも、インドの列車は車両が20両・約２００ｍくらいと超長く、自分の座席を探すのに苦労したので今回はガイドさんに座席を確認するところまでついてきてもらった。ところが旅行社から送られてきた列車案内をプリントアウトした紙の車両がなかなか見つからず、ガイドさんが何人もの人に聞いてやっと探しあてることができた。出発まで30分くらいしかなかったので、自分たちだけだったら見つけられず乗り遅れてしまったかもしれない。ここで二日間お世話になったガイドのパーテルさん（日本語が上手で家族の話もランチしながらしてくれたり、美人の奥さんと1歳の女の子の写真も見せてもらった）には１５００Rsを、ドライバーのアニルさんには１０００Rsチップを渡して別れた。

列車は寝台車でシートはワンボックスに三段・6人が寝られるようになっている。私と妻は下段の向かい合うシート。すでにそこには私たちと同じ年代くらいのインド人が二人座っていて、通路を挟んだ向かい側の二人とおしゃべりしていた。この人たちはカジュラホの手前の駅で降りるとのことだが、いずれ眠くなったらそれぞれのシートに動くのか、夜中までおしゃべりしているのかまかせるしかない。列車は定刻より15分遅れでさっき出発した。あと30分もしたら暗くなるだろうから今のうちにピーナッツと、ペットボトルに入れてきたウィスキーの水割りを旅の共に、車窓を楽しむとしよう。（6／13 pm6：15のメモ書きを、今書いているところ。今日のホテルでは日本式プラグが差し込めるので使えることになった）

昨夜は暗くなり始めた7時半頃からうとうとし始め、おしゃべりしていた人たちもそれぞれのシートに戻ったので、足を伸ばし配られたシーツを上掛けにしてちゃんと寝ることにした。しかし、トイレに行くのと、時々他の乗客の携帯やおしゃべりの音が気になるのと、何よりも冷房の効き過ぎで寒く、2時間ごとに目が覚める始末。そして到着予定の午前5時20分を過ぎてもさっぱり到着する気配なく、アナウンスもなく、しかたなく英語がわかりそうな他の乗客に聞いたら、あと2時間くらいかかるとのこと。カジュラホの駅で待っているはずのガイドさんに電話を入れその旨を伝える。それから2時間どころか4時間かかってやっと9時20分にカジュラホ駅に到着。実に15時間20分の長旅であった。駅にはガイドのパルシュラムさんが待っていてくれてホテルへ直行。チェックインし、もう部屋も使えるとのことでシャワーを浴び、遅い朝食&昨夜の夕食を摂って、いよいよカジュラホの世界遺産寺院群の見学に向かったのであった。（pm5：40）

南天竺通信　第１０８弾　２０１８・６・14

ガンジスへの旅 その4は カジュラホ編の その2

6月14日㈭　続き 百聞は一見にしかず、見事なミトゥナ像

今回のガンジスへの旅の最大の目的はガンジス河（インドではガンガー）をこの目で見ることであった。それに時間とお金が許せばと当初、地図を見た限りではそんなに遠くない場所にある二つの世界遺産ブッダガヤとカジュラホもコースに組んでいた。その後、今回の旅行に限らず昨年夏のハンピ遺跡への旅以来ずっとお世話になっているマサラツアーズの担当者・横山さんとのつめで、この三つを三泊四日の行程で組むには無理とわかった。ではどちらを選ぶかとなれば、仏教の四大聖地の一つ、サールナートがバラナシに近いということですでにコースに入っていたのでカジュラホを入れることにしたのだ。日本では一般にブッダガヤの方がブッダが覚りを得た地ということで有名だろう。でもカジュラホはヒンドゥー教の寺院でありながら壁面に人間の性愛を様々なポーズで描いたミトゥナ像が数多くあることで知られている。私もガイドブックの写真なんかを見てこれは一度本物を見ておかなくてはと密かに思っていた。それにしても、バラナシからこんなに遠いとは思ってなかった。『地球の歩き方』によると、バラナシから一日に一便だけ飛行機があり約40分で到着とのことだが、それは観光シーズンだけでオフシーズンの今は飛んでいない。結局列車か車に頼るしかない。明日は車で6～7時間のアッラーハーバートまで行き、そこから飛行機でデリーに飛び、チェンナイ行きに乗り換える。いずれにしても簡単に来られるところではない。チェンナイ

に仕事を得たおかげであちこち行っているが、そうでなかったら今回のカジュラホもバラナシもガンガーも、昨年から今まで旅した全ての所を訪れるチャンスはなかっただろう。

そんな日本から遥か遠くにあるカジュラホだが、ここには11世紀から12世紀にかけてチャンデーラ朝が栄え、わずか１００年足らずの間に85ものヒンドゥーの寺院が建立された。そして王朝を栄えさせ繁栄を維持していくにはと、子孫繁栄の彫刻を寺院の周りの壁面に数多く刻ませることにした。それがミトゥナ像（男女交合像）である。ミトゥナ像が一番多く残っているのがデーヴィー・ジャグダンベ寺院で11世紀初頭に建立。最もエロチックなミトゥナ像の彫刻で知られる、と『地球の歩き方』にあるが、青空の下で見ると人間の性の営みを大胆に自由奔放にレリーフにした一流の芸術作品だ。日本語ガイドのマニッシュさんも要所要所で立ち止まり、解説と、ここ写真のポイントです、と写真を撮らせてくれる。さっき書いたように今は観光オフシーズンなので歩いているのは私たちの他あとちらほらといるだけ。３月下旬に訪れたアジャタ・エローラの遺跡と同じように世界遺産を私たちだけで独占している幸せ。しかしガイドさんにとっては仕事がなくて困るシーズンでもある。それにしても暑かった。風が少し吹いているとは言え、40度近くの炎天下の中、傘をさして歩いていても暑い。ついに妻はこの暑さと長時間の列車の旅でダウン気味になり、西群のジャイナ教寺院は私だけで見ることになった。ホテルに戻って妻は部屋で横になり、私はしっかり昼食を摂ってからお昼寝。目が覚めて体力を回復してから部屋で天竺通信をずっと書いている。妻はまだ横になっている。あと少ししたら夕食だ。ということで今回の旅の目的を果たし、明日はチェンナイに戻るだけなので今回の旅日記はここまでとする。（pm７：10）

南天竺通信　第１０９弾　２０１８・６・15

ガンジスへの旅　その５　おまけ編

６月15日㈮　今回の旅は最後まで気が許せなかった

今回の旅の記録は昨日で終わりのはずだったが、旅の最終日の本日、今までの旅になかったハプニングがあったので後に続く人たちのために自戒も込めて記しておく。

まず妻の具合だが、昨夜レストランで夕食を摂る直前に貧血気味になり、ホテルスタッフのサポートを得て部屋に運び横にならせた。しばらくして回復したのでルームサービスで持って来てくれたスープとバナナを少し食べ、正露丸を飲んでまた横になった。朝方までよく寝たお陰で大分回復し、本日の移動にも問題ない様子でほっとした。妻の今回の体調不良の原因については前回の通信で書いたので省くが、対策としてもう一度書いておくと、インドを旅する場合にはどこでもエアコン対策としてジャージでもいいから上着を用意していくこと。暴飲暴食は慎むこと。万が一に備えて常備薬はいつも持って行くこと。困った時はホテルスタッフにすぐヘルプすること。旅行会社を通している場合は常に旅行社と連絡をとれる状態にしておくこと。今回の旅ではこれが非常に役立った。妻の症状のことはいち早くマサラツアーズの担当者の横山さんにメールで連絡していた。それが次への対処にもつながった。

朝食後ホテルを車で出発したのは８時10分。昨夜ガイドさんからは７時半頃に出発しましょうと言われていたのに何やかんやでこの時間になってしまった。旅行社のタイムスケジュールには８時出発ともなっていたので安心もしていた。もしこれが7時半厳守とガイドさんなり旅行社が言ってくれていればもう少し何とかなったかもしれない、と人へ責任転換。午前中は牧歌的な風景や森林地帯を走り、「いいね」と二人で見とれたりうとうとしていた。11時40分頃に中継地点の町に到着。ここでランチをということでレストランに入る。まだランチの時間には早いようで注文した料理が出てくるのに時間がかかった。最後のマサラティーもお店の人が忘れていたのか、こちらが再度言ってやっと出てきた。結果、1時10分に再出発となった。ここでもランチの時間を30分にするとか、ホテルレストランでサンドイッチを作ってもらって車内で食べるとかして少しでも早く出発すると良かったかもしれない。(これは旅行社のために記しておく)アッラーハーバード到着予定が15：00となっていたが順調に車が走っていても15：00到着は無理だったかもしれない。国内便でも出発の2時間前か最低でも1時間半前には空港に着いておきたい。直前にガイドさんなりドライバーさんに念を押すのを忘れてはならない。今回は私がこれを怠ってしまった。

さて、ハプニングはお腹もいっぱいになってうとうとしている時に起こった。時に午後2時半頃。町でないところで車が止まっている。踏切で止まっているのかと思ったが警報機は鳴っていない。色々な荷物を積んだトラックがこちら側も反対車線もずらっと止まっている。交通事故か何か問題が起きたのか。このままでは空港のチェックインに間に合わないかもしれないと、横山さんに連絡。横山さんがデリー支店のインド人と連絡を取り、ドライバーさんからも状況を聞いてもらう。あのまま止まったまま動き出すのを待っていたら完全に飛行機に乗り遅れただろう。これからがドライバーさんの腕の見せどころ。反対車線に車を突っ込み、右側にスペースが少しあるところを無理やり走らせる。そこが進めないとなると左車線に切り替え左端を進む。もう完全に動きがとれないとなったら車道の左手は荒地になっていたのでそこに車を乗り入れサハリーパークのように走らせる。そうこうするうちに左車線がのろのろと動き出したので車道の流れの中に入り、やっと順調に走り出した。途中で右車線に大破したトラックがあったり、ライフルらしきものを持った警察官もいたので何か事件が起きたのかもしれない。原因がわからないまま、とにかくフライトに間に合うよう祈る。横山さんの話では私たちの乗るエアインディアは定刻の午後4時55分にアッラーハーバートを離陸するので何とか4時10分にはチェックインに間に合うようドライバーさんに伝えてくださいとのこと。でも私のスマホの路線検索で見る限りではとうてい間に合いそうもない。今日は空港で野宿かと覚悟を決めた。(勿論マサラツアーズはそんなことはさせずホテルを用意してくれたと思うけど)とにかくギリギリ間に合うかもしれないのでドライバーさんは必死に車を走らせる。こちらは車が空港に到着次第走る準備。ところがこのドライバーさん腕はいいのにアッラーハーバードの空港はもしかして初めてだったかもしれない。町に入って何人かの人に空港の入り口はどこかと聞いている。ここが空港かと入ろうとするとそこはインド空軍のゲート。ここでもう一つハプニングが起こりあわやとヒヤッとすることが起きたがここではあえて書かないでおく。やっと民間航空の入り口に到着。この時点ですでに4時25分。万が一のためにドライバーさんに待機してもらう。しかし間に合った場合のためにもチップは長旅と名運転ありがとうございました、の感謝を込めて1500Rs渡す。

横山さんの指定した4時10分からもう15分経っている。少しでも早くチェックインカウンターにたどり着かなればとエアインディア、ウェイトを叫びながら走るが空港職員は急がせる様子無し。大丈夫、大丈夫とまで言ってくれる。チェックインも無事済ませることが出来、待合室へ。間に合った！　どうやらマサラツアーズの方でエアインディアのマネージャに電話して、箱崎という日本人が4時半までには必ず到着するからチェックインさせてくださいと頼み込んでくれたようだ。実際飛行機が離陸したのは35分遅れの5時半で定刻ではなかったが、無事に乗り込むことができひと安心した。機転を利かせて間に合うよう必死に車を走らせてくれたドライバーさんに感謝。デリー支店と連絡を取り合って逐一状況把握と対策をとってくれた横山さんはじめマサラツアーズの皆さんに感謝。このハプニングにもめげず体調が悪化することなく相談にのってくれた妻に感謝。そして、『All is well』を地でいくインドに感謝。今回の教訓をもう少し。日本もそうだがインドはよりいつ何が起こるか、その原因は何なのかよくわからない国だ。その被害をできるだけ少なくするために自分でできる対策はしっかりしておくことと、予測もしないことが起きてもあわてず騒がず、冷静に事態を見極め、自分で何ができるか考え行動することだ。そんな時にはやっぱり相談したり慰め合う人が側にいるといい。もう一つ、ハプニングも旅の楽しみと旅行社に頼まず自分で航空券やホテル、ガイドさんなどを手配できる人はいいが、より安心・安全な旅を望む人は、ちょっと高くつくがマサラツアーズのような信頼できる旅行社に手配を依頼する方がいい。自分たちの要望をしっかり聞いてコースを組んでくれるから。今デリー空港ロビー。チェンナイには11時35分に到着の予定。我が家到着は12時半頃か。着いたらシャワーを浴びて、乾杯しなくては。以上、今回の旅のおまけ編でした。（pm８：20）

南天竺通信　第１２１弾

２０１８年７月14日

日本の自然の美しさと脅威を再発見・再認識した今回の26日間の日本滞在

チェンナイを6月17日㈪の深夜に出発して26日間の日本滞在を終え、昨日7月13日㈮チェンナイに無事戻った。過去2回の日本への一時帰国はせいぜい一週間だったが、今回は1年5か月ぶりに花巻や秋田を訪ねることもありたっぷりと時間をとった。お陰で日本の美をいたるところで再発見し、併せて滞在中の後半には西日本豪雨で２００人以上の方が亡くなるという平成史上最悪の豪雨災害もこの間に起こって毎日テレビで成り行きを見守っていた。この間の行動の記録は日記に書いているが、ここではそのエッセンスを記す。

1　日本の自然美の再発見という点では、一番長くいた三重では、英虞湾をのぞむビーチ沿いのびん玉ロードを2匹の愛犬と共に毎日の様に散歩した。最終日にはビーチで泳ぎ、ツバスの鐘で祈願し、沈みゆく夕陽も見ることができた。娘夫婦とドライブしたどろ八丁のエメラルドグリーンの美しさ、丸山千枚田の緑と風の爽やかさ、熊野川を小舟で下ったのも忘れられない。東京では滞在が三日間だけだったが息子夫婦と孫たちと遊びに行った多摩動物公園も美しく楽しかった。妻の実家がある花巻にも一週間以上滞在し、宮沢賢治記念館・新渡戸記念館を訪ねたり、大堰川プロムナードを毎日の様に散歩した。私の実家の秋田では、姉貴一家が町に新居を構え一泊させてもらった。家も大きく綺麗だったが、目の前に広がる水田の美しさ、そして中学時代によく遊んだ真人公園にも自転車で15分と近く、何十年ぶりかに中腹まで登り森林浴を楽しんだ。私の実家がある村の田んぼは今年からほとんどがソバ畑になるそうで緑の水田が見られなかったのは残念。でも兄貴が家の周りにたくさんの花を植えていてこれも美しかった。という具合に日本の美しい風景に出くわすたびにスマホで写真をとり、チェンナイの同僚たちやあちこちに送って日本の美しさを少しでも感じてもらおうとした。

2　日本食やお酒をたっぷりいただき、温泉には何回もひたることができた。チェンナイでいつも思うことは温泉に入り、風呂上がりにはギンギンに冷えた生ビールで喉を潤し、あとは冷酒や焼酎を飲みながら、お刺身やら焼き魚、冷奴、枝豆などをいただくこと。朝は味噌汁にひきわり納豆。昼はビールに素麺、ラーメンなどだが全て達成してきた。温泉には全部で6回行った。うち娘夫婦と一泊二日で行った湯ノ口温泉はまさに里山の中の秘境で是非また来年行きたいと思った。ロッジでの夜のバーベキューも楽しかった。この26日間、とにかく良く食べ、飲み、寝たので、毎日散歩したにも関わらず体重は73・0kgから76・0kgに増えてしまった。これを戻すのにまたどれくらいかかることか。

3　娘夫婦、息子夫婦、姉の喜美子さん一家、兄の健作さん一家、妻の妹の和子さんと色々な人にお世話になった。秋田の泉谷好子さんとは私の「南天竺通信」を来年3月を一つの区切りとして本にしようという話もできた。文芸誌「雪國」の同人・小松郭公太さんとはいっぱい飲みながら色々な話ができ今後の参考にもなった。

4　そして、西日本を襲った豪雨。娘夫婦の住む三重には被害はなかったが、広島・岡山を中心に何と200人以上亡くなるという東日本大震災以来の災害となった。あらためて日本は美しい国ではあるが自然災害と隣り合わせであることを再認識させられた。以上

南天竺通信　第128弾　　　　　　　2018年7月28日

今年の夏も職員一泊研修旅行はポンディチェリーへ

チェンナイから南へ162kmのところにあるポンディチェリーという町はフランスの統治下に長くあったことから、独立後の今もフランス風の街並みが残る洒落た町としてガイドブックに紹介されている。またアルコール好きにとってはおいしいワインやウィスキーなどが安く飲め、買える町としても貴重。そして、町の10km北に理想の都市として50年前に築かれ今も機能しているオーロヴィルがあることでも有名だ。そのポンディチェリーを新しい先生方に是非紹介したい町として昨年夏に続いて職員一泊研修旅行を組んだ。私たちにとっては夏休み最後となる7月28日㈮の午前9時にチェンナイを出発。今回の参加者は教員6人に校長先生ご夫妻の計8人で全員が揃った。車2台に分かれて南へ走ること約2時間半。渋滞もなく南国の車窓を楽しんだり、おしゃべりしているうちにオーロヴィルに着いた。昨年は暑い中をひたすら歩き、金のボールを見て帰っただけでここは何?で終わってしまったが、今回は今年来たS先生の従姉さんが、ここに住んでいて、もう一人の日本人女性の方と一緒に案内してくださった。お陰で少しだけこの村のことがわかってきた。ここは人種や民族、宗教、思想、国籍を超えて、人々が調和のうちに結ばれ、ひいては世界の平和に繋がることを理想として1968年に建設された。創立者はオーロビィルの名のもととなったオーロピントとその継承者で、マザーの愛称で親しまれているミラ・アルファッサ。創立から50年経った今もここには世界60か国近くから2000人以上の人たちが来て生活しているそうだ。日本人も

14人いる。子供たちもいて学校もありその教育水準はかなりのものらしい。ここでの生活の様子などもお聞きし大変興味深かった。この村の歴史や発展の様子、現代的な意義など、いずれもう少しちゃんと掴んだら記してみたいところだ。黄金のゴルフボールとも呼ばれているマトリマンディルは瞑想の場で、この村の住民はいつでも入って瞑想することができるが観光客は前日までに予約が必要とのことなので、善は急げと8月15日分を予約した。この日はインド独立記念日で学校もお休み。チェンナイを朝早く出て午前8時40分のコースに入れてもらうことができた。何でも試してみようというみんなの好奇心が素晴らしい。

さてポンディチェリーのホテルには4時近くチェックインし、少し休憩してから夕方のビーチへ。ビーチ沿いのレストランの2Fテラスでお食事。校長先生の誕生日がもうすぐなのでここで花束の代わりにワインを贈るというセレモニーも。おいしいお食事をたっぷりいただきビールとワインもけっこう飲んだのに一人当たり700Rs程度。チェンナイよりはるかに安い。ホテルに戻って二次会は男性二人の部屋で。夕方買ったワインを持ち込み、A先生の日本からのおつまみもあり、2時間ほどおしゃべりに花を咲かせた。昔よくやった職員旅行の部屋での二次会の再来で楽しかった。次の日はみんなで朝食を済ませてから町へ。オーロビント・アーシュラムを一つ見て私はホテルへ戻りプールでひと泳ぎした後これを書いている。妻や他のメンバーは町歩きを楽しんでいる。この後ランチを一緒にとってからチェンナイに戻る。来年もまた来たくなる町、それがポンディチェリーだ。

南天竺通信　第134弾　　２０１８年８月15日

インド独立記念日の今年はマトリマンディルで瞑想体験

今日はインドの独立記念日。１９４７年のこの日インドは長いイギリスの植民地支配からやっと解放された。しかし、インドとパキスタンと分離して独立という新たな分裂と対立の始まりの日でもあった。１９４７年のこの日、ニューデリーで開催された独立記念式典にはインド独立の父・ガンディーの姿はなくカルカッタ（現コルカタ）のスラム街で、ヒンドゥーとイスラムの両教徒に寛容と融和と赦しの教義を説いていたそうである。（「ガンディー獄中からの手紙」の解説より）日本の８月15日は言うまでもなく終戦の日(敗戦の日)。しかし朝鮮半島や台湾は日本の植民地支配から解放された日でもある。世界各地で様々な思いでこの日を迎えたことだろう。そんな記念すべき８月15日を昨年は家の中でごろごろしていた。今年は職場のみんなと5時半にアパートを出てオーロヴィルに行ってきた。例の黄金のゴルフボール・マトリマンディルで瞑想体験をすることを7月28日に予約していたのだ。昨日の午後からの激しい雨もあがり早朝の街道を車は快調に飛ばし8時にはオーロヴィルに着いた。8時50分からオーロヴィル紹介のビデオを観て車でマトリマンディル近くまで移動。カメラやバックを預け係員の説明を受けてから1時間後にやっと中へ。最初は地階の明るい場所で10分ほど瞑想トレーニングをしてから中心部に至るらせん階段を昇っていく。まるで空飛ぶ円盤に吸い込まれていくようだ。渡された白い靴下で足をすっぽり覆い、いよいよ中心部へ。真ん中に直径80㎝くらいの水晶が置かれ、まわりに１００人ほどが座れるようになっている。完全な暗闇ではなく水晶の頂上部に太陽があたりほんのりと明るくなっている。私語は厳禁。静寂とちょうど心地よい温度に調節された中で各自の好きなポーズで瞑想に入る。しかし私の頭の中にはこの間のいろいろなことが浮かんできてとても瞑想どころではない。来年度もここで働かせてもらうか、契約通り帰国するか、はたまた新天地を求めてどこかに旅立つか。この三日間、あちこちにメールしたりインターネットで調べた情報を整理すると

○メキシコのグアダラハラ補習授業校……来年度の採用予定は2～3名あるが例年10名程度の応募があり採用されるのが不確実なこと。何よりも任期が最低2年なので、もう1年か長くても2年としている箱崎家には無理と判断してここは除外することにした。

○ニュージーランドのオークランド日本語補習授業校……新たにネットで見つけたところで週5日開校とニュージーランドという国に魅かれたが、オークランドでの就労ビザを持っていることが採用条件となっていたので残念ながら断念した。

○ラオスのビエンチャン日本語補習授業校……ラオスという国に魅かれて調べてみたが、ホームページには常勤教員は目下採用していない、来年度の採用があればホームページに載せるということで不確実。

以上から、8月18日の本校採用担当理事さんとの面談ではまだ結論を出さないで、最終回答期限はいつなのかを確認して、それまでにできるだけ情報を集めて判断しようと夫婦二人で話しているところだ。そんなことをつらつらと思い浮かべているうちに20分の瞑想時間は終わり再び地上に戻ることができたのであった。

南天竺通信　第１５１弾　　　　２０１８年10月１日～３日

バンディプル国立公園とウーティへの旅三日間　前編

まだ夜も明けきらぬ午前5時半。野生動物たちの遠吠えが聞こえてきた。虫の声や蛙の鳴き声は一晩中続いていた。朝方は涼しくて、布団の中が気持ちいい。ここはインドのデカン高原の西に広がる西ガーツ山脈の中に広がるバンディプル国立公園の中にあるホテルの一室。秋休みの前半はインドの避暑地として有名なウーティと国立公園の自然美を堪能したいとやってきた。

昨日10月1日(月)にチェンナイの我が家を朝の7時に出発し空港発10時。1時間のフライトでタミルナードゥ州で3番に大きい都市・コインバトールに到着。ドライバーのスワラブさんが待っていてくれて、これから三日間私たちをあちこちに案内してくれる。コインバトールは3番目に大きい町と言っても人口は１００万人ちょっとだからすぐに郊外の農村地帯に出る。平地を1時間ほど走ると西ガーツ山脈が迫ってきた。いろは坂の何倍もあるカーブを我がスズキ車はバスや他の車をどんどん追い抜いて登っていく。1時過ぎにちょっと開けた町のレストランで昼食。スープにフライドライスとヌードルをいただく。二人で４３１Rsと安くておいしい。帰りに寄るウーティを過ぎ、美しい緑の森と公園の中を走って5時にやっとホテルに到着。ホテルに至る道がジャリの凸凹道でドライバーさんも本当にこんなところにホテルがあるのと半信半疑だったが来てみれば周りを自然に囲まれたとても静かなところ。おまけにお客さんは我々を入れて6人だけ。昨日まで雨だったようだがこの日はよく晴れて夜の帳が降りると西に宵の明星が輝きだした。ベランダに横になって星空を眺めるのも久しぶりのことだ。夕食前に外で、たき火のサービスもしてくれて赤ワインを手にしながらロマンチックな気分に浸り、夕食をとってからはすぐに寝た。さあ、これからサハリー体験に行く。どんな動物たちに会えるか楽しみだ。(10／2 am5：50)

サハリー体験は楽しかった。約2時間ジープに揺られながら、鹿・象・猿などに会えたし、孔雀はじめ美しい鳥や花々もいっぱい見ることが出来た。サバンナの風景も美しく、今まで見たインドの風景の中では一番の場所と言っても過言ではない。補習校の家族にも是非お薦めしたい。昨年秋に社会科見学でいすゞ自動車を訪問した時に、悪路での試乗体験を5分ほどしたが、ここではその20倍以上の体験ができる。子供たちもきっと喜ぶに違いない。お腹もよく揉まれたところで9時過ぎにホテルに戻ってきて朝食。今、ベランダで涼風に吹かれ、鳥の声を聞きながらこれを書いている。まだしばらく浸っていたいところだが、あと30分後にはウーティに向けて出発だ。(am10：30)

帰りは2時間半でウーティに着いた。ランチの後はまず市内の植物園へ。入園料35Rsで様々な観賞植物が見られる。今日はガンディーの生誕記念日で全インドが祝日。芝生はたくさんの家族連れでにぎわっていた。次はドライバーさんのお勧めでサンダーワールドという遊園地に行ったが、古いし大人が470Rsではお客さんも少ないはずだ。次のウーティ湖も家族連れでにぎわっていた。今日はこれで終わり。明日はお茶とチョコレート工場を見学し、念願のニルギル鉄道に乗って、コインバトールからチェンナイに戻る。(pm5：40)

南天竺通信　第152弾　2018年10月3日

バンディプル国立公園とウーティへの旅三日間　中編

記憶が風化しないうちに昨日から今朝のことを書いておく。今回は箇条書きで。

○バンディプル国立公園は箱崎家がこれまでインドで訪問した中でNo.1の場所になることはほぼ間違いなさそうだ。今までの1番は私がハンピの遺跡で、妻がアジャンタとエローラの遺跡であった。その国立公園の中のホテルからの眺めも最高。このホテルHOLES' DENの経営者がディビーさんという方で、どんな原因かわからないが右腕がない。以前ドイツのフランクフルトで12年間働いていたとかで少しドイツ語でもお話しできた。奥さんはドイツ人で画家。普段はドイツで活動をされていて時々ここに保養に来られるようだ。奥さんの描かれた絵が何枚かロビーに飾ってあるがどれも素敵だった。村の道路から5分ほど砂利道に揺られて辿り着くこのホテルへの宿泊も是非お薦めしたい。私が今回も利用しているマサラツアーズ（info@masala-tours.com）経由でもいいし、直接ホテルにオンライン予約する場合は　davey@dholesden.com　へどうぞ。いつかこの通信を見て一人でもバンディプル国立公園を訪れ、このホテルを利用し感動を共有していただければ嬉しい

○さてウーティのホテルは高級避暑地だけに外見はヨーロッパ風で美しく部屋もこじんまりとながら落ち着いている。ただ困ったのが夜シャワーのお湯が出なかったこと。フロントとルームサービスに何回か電話したら、最後は大きいバケツに熱いお湯を入れて持ってきてくれた。ウーティは標高2200mで部屋の中も寒いくらい。なのにお湯が出ないようでは、インドが誇る高級避暑地の

一等ホテルが泣くよと思ってここまで書いて、朝蛇口をひねったらお湯が出てきた。「こちらの人や欧米人は朝にシャワーを利用することが多いから朝だけ出るようにしているのでは」とは妻の弁。次に食事の支払い方法だが、今までマサラツアーズで利用したホテルでは、朝食と夕食代はツアー代金に入っているのでレストランで直接支払うことはなかった。レストランもホテルの中にあった。今回のウーティのホテルでは別棟にインド料理・中華料理・イタリアン料理のレストランがありお客さんの好みで利用できるようになっている。今晩はイタリアンにしようレストランに入った。注文するところではたと思った。「これっていくつ注文してもいいのかな。お客さんによっては利用レストランも違うし注文する品数も違うはず」と疑問に思い、レセプションに戻って聞いたら、夕食と朝食二人分で上限１４００Rsまでは０Ｋ。それ以上の場合は追加料金となりますとのことだった。で、ここではスープとピザとパスタとお茶を頼んだら１０００Rsを超えてしまった。その支払いはここでとボーイさんが言う。いったん支払ってフロントに領収書を見せたら、その必要はなかったということで取り戻してくれた。これが今朝の朝食レストランでも同じことに。フロントとレストランとの連携はどうなっているの。でも朝食は４００Rsちょっとだったので結局オーバーの支払いは25Rsで済んだ。もう一つ。昨晩のイタリアンレストランで赤ワインを注文したら今日は出せないと言う。聞いたらガンディーの生誕記念日でアルコールは禁止となっているとのこと。誕生日だったらよけいお酒を飲んでお祝いすればいいのにと日本的に思ったけれど、そうとも言えず、やむなく休肝日となったのであった。

南天竺通信　第１５３弾　　２０１８年10月3日

バンディプル国立公園とウーティへの旅三日間　後編

今回の旅行の目的はウーティを散策することと世界遺産のニルギリ鉄道に乗ることで、バンディプル国立公園はマサラツアーズの横山さんのお薦めで組んでもらったものだった。実際訪れてみると、前編で記したようにここがあまりに素晴らしくてウーティがかすんでしまった。それでも昨日と今日半日ウーティを歩いてこの避暑地の魅力が少しわかってきた。それは多分に天気に恵まれたことにもよる。今日は快晴の中、まずチョコレート工場とお茶工場を訪ねた。ウーティは周りを山に囲まれた小さな盆地の平地や周りの丘陵地を切り開いてできた町だ。その丘陵地に様々なカラーの家が立ち並んでいて遠くから見るとまことに美しい。丘陵地の日当たりがいい所には茶畑が開けている。茶畑の緑の段々畑もまことに美しい。おまけに２２００ｍの高地の空気は日中爽やか。イギリス人がその昔から避暑地兼保養地として利用してきたのも納得できる。工場はその丘陵地の一角にある。お茶づくりの工程は昨年夏にスリランカで見たものよりも詳しかった。白茶・緑茶・黒茶・ジンジャー茶・ミルク茶の試飲をして、お土産には黒茶を買った。チョコレートもほんの少しだけ買って職場の皆さんにおすそ分けすることにした。その後に行ったバラ園がまた素敵だった。丘陵地に出来たバラ園で様々なバラが咲いている。ここを散歩するだけでも心が和む。入園料が大人一人30 Rsなのも嬉しい。昨日の植物園やウーティ湖と合わせて家族や恋人が気楽に楽しめる場所がいくつかあるのもウーティの魅力だ。昼食に入ったレストランのスープ、生野菜、ヌードルもいい味だった。見学に行く前に日本への郵便物を出しに郵便局に寄ったが、二つのＡ４封書を送ってもらうのに20分くらいかかった。急行便だと一通１０００Rs以上するので普通便の１５０Rsにしてもらった。無事に着くことを祈る。もう一つできれば地元の公立学校を見せてもらえないかと予約なしで訪ねてみた。そしたら校門を入ったところで男の人に呼び止められ、訪問の目的を話したが、校長先生は今外に出ていていないし、校舎はクリーニング中なので今日は見せられない、明日また来てくれとのこと。今日しか時間がないので是非と粘ったが無理は通らず断念する。明日、明後日とチェンナイの学校を訪問できるのはＡＢＫ日本語学校の先生方の計らいでやっと実現したこと。やはり手順を踏むに越したことはない。

　さていよいよニルギリ高山鉄道。インドにある三つの世界遺産の高山鉄道では最も歴史が古く、１９０８年にイギリス人の手によって敷設された。ウーティとメットパラヤム間46㎞を登りは４時間50分、下りは３時間半で結ぶ。私たちは眺めの良い下りを希望し三か月前から一等席を取ってもらっていた。一等席でも二人で４００Rsという安さはありがたい。席はワンボックスに８人座れるようになっていて、私たちの向かいの席にはインドの南端のカニャックマリから来たという年配のご夫婦と娘の三人。道中片言ながら色々な話ができたのも楽しかった。勿論、車窓からの下界の眺めも最高。トンネルに入るごとに歓声が沸き、インド人の陽気さも十分に味わうことができた。下車駅のメットパラヤムに着く頃に大雨となったが、山の途中でなかったことに感謝。でないとがけ崩れで立往生していたかもしれない。スワラプさんが先に車で来て待っていてくれたので、コインバトール空港まで送ってもらいこれからチェックインするところ。まことに充実した楽しい三日間であった。（pm９：20）

南天竺通信　第１６０弾　２０１８年11月３日〜４日

一泊二日の駆け足コルカタ旅行であったけれど行って良かった

マザー・テレサが活動の拠点としたコルカタ（旧名カルカッタ）をこの四連休の前半に訪ねるためにチェンナイのアパートを出たのは3日の午前6時。フライト時間が当初予定の午前8時半から12時になりそうだということは、前夜にマサラツアーズの横山さんからのメールで掴んでいた。でも定刻でフライトするかもしれないという僅かな期待と、6時にピックアップの車の手配もしていたので予定通りの時間にアパートを出発した。土曜の朝は渋滞もなく30分で空港に着いた。ところがチェック・イン・カウンターに行ってびっくり。12時どころか15時でないとコルカタ行きは飛ばないと言う。すぐ横山さんに連絡し他の便を探してもらったが、あいにく連休の初日とあってどこも満席。一時は旅行自体のキャンセルも考えたが、今回を逃すといつ行けるかわからない。明日一日だけの町歩きとなってもしょうがないから行くぞと二人で覚悟を決める。そうと決まれば、ずっと空港で待っているのも能がないのでいったん空港の外に出させてもらい、空港接続のメトロで終点まで往復してきたり食事をしたり、空港の床にごろんとしているうちに搭乗開始2時間前となり手荷物チェックをして待合室へ。そろそろ搭乗時間かなという時に空港の職員が現れて「ラップトップはあるか」と聞いてきた。入れてあるはずのリュックをあけてみたら無い。「しまった」手荷物チェックの時にピックアップするのを忘れていたのだ。係員さんにチェックの場所に連れていかれ、私のパソコンであることを確認してもらって受け取ることができた。係の方が私を見つけるのがもう少し遅かったらどうなっていたことかとひやり。兎にも角にも飛行機の方は3時に無事に出発し5時過ぎに到着。今回の日本語ガイドのスルさんが待っていてくれた。スルさんは78歳の大ベテランで、とてもこの歳には見えない若々しさ、そしてよくしゃべる。日本で何年間か働いたこともあり日本語はもちろん問題なし。だからコルタカ含めインド社会のことを色々と教えてくれる。もう夜の帳が降りている時間ではあったが、ジャイナ教の美しいパレシュナート寺院だけ見てホテルへ。明日が楽しみ。（11／3　pm9：00）

１９１０年、現在のマケドニアのスコピエに生まれたマザー・テレサは、１９２９年から１９４７年まではコルカタで女学院の地理と歴史の先生をしていた。その後、「全てを捨て最も貧しい人々の間で働くように」という啓示を受けてコルカタのスラムに飛び込み、元教え子たちと共に献身的に活動するようになる。その活動が一躍世界に知られるようになったのが１９７９年のノーベル平和賞の受賞。その後も１９９７年に87歳で亡くなるまで精力的に活動を続けた。彼女が亡くなるまで住んでいた質素な部屋がマザーハウスに残されている。遺体を収めた石棺には今も祈りを捧げる人が絶えない。マザーが亡くなって20年以上になるが、彼女の意思はシスターたちと多くの支援者、ボランティアによって引き継がれている。私たちは「子どもの家」と「死を待つ人の家」を訪れたが、ここでも大勢のボランティアの方々が活動していた。私にできることは、せめてマザーの活動とその数々の言葉を日本の子供たちに伝えることだ。短い滞在で、あと訪ねることができたのはカーリー女神寺院とインド博物館だけで、ヴィクトリア記念堂とセント・ポール教会は遠目に見るだけだったが、ほんの少しだけでもコルカタの空気を吸うことができたことに満足している。（11／4　pm4：00）

インド・チェンナイでの創作詞

2017年4月～2018年12月

※佐藤香さんにより作曲され、南天竺通信の中で紹介されていない詞を掲載

天竺の国・チェンナイに来てみれば

２０１７／４／20〜４／23

①あこがれの天竺の国・チェンナイに来てみれば
驚くこと　あまたあれど　きわめつけは
車　バイク　オートリクシャ　人　あふれる中
ククラクション鳴らし　無事目的地たどり着く
ドライバーのハンドルさばき　我は身をまかせるだけ
②あこがれの天竺の国・チェンナイに来てみれば
この国では　確かなこと何一つとしてないと言う
船便2か月経っても届かず　給料も半月遅れでやっと
きのうまであった酒屋さんが　突然閉鎖された
授業参観　ふたあけてみれば　生徒は一人だけ
③あこがれの天竺の国・チェンナイに来てみれば
一歩踏み出すと　そこここに　確かなことあり
肉・魚遠くなれど　野菜と南の国のフルーツあふれ
お酒と焼酎なけれど　灼熱の大地にウォッカあり
この土地の言葉で　カタコトでも話しかければ
にっこり微笑み返す　肌黒きタミルの人たち

ああ　ここは　あこがれの天竺の国・チェンナイ

※インド・チェンナイに来て20日余り、毎日驚くことの連続で、それをそのまま書いた。

マンゴーの歌

２０１７／５／25～５／27

①常夏の天竺の国・チェンナイに　熱帯のフルーツあふれ
ジャックフルーツ　ドラゴンフルーツ　パパイヤ　ザクロ
スイカ他　あまたあれど　今　マンゴーをおいて　他に無し
ひとたび　口に入れると　まるで　マグロのとろの如し

②我が学びやの　子どもたちも　マンゴーのかんさつに記す
いろはきいろ　かたちはまる　わたしのてよりおおきく
さわるとやわらかい　おもさはくまのぬいぐるみとおなじ
さわるとやわらかい　においはあまずっぱく　たべるとあまい

③我が祖国では　マンゴーは高嶺の花　一つ数千円とも聞く
ここでは　１００円で三個　スーパーに山の如く　積まれてる
五月　街はマンゴー色に染まり　人々はいそいそと　街に出る
次に登場するは　何かと胸躍らせ　今日もスーパーへ　我ゆかん

※マンゴーのあまりの美味しさに書きとめておきたいと

五月・六月のチェンナイはHottest

2017／6／1

①ここチェンナイには　hot　hotter　hottest　しかないと人は言う
今はhottest　連日40度を超え　クーラー無しでは仕事できず
夜も寝苦しく　クーラーつけたり消したり　天井の扇風機も大回転
ご飯食べながら滝のごとく汗流れ　タオルやシャツは次々に　洗濯機へ
②一日で快適なときは　早朝の散歩　日の出頃の5時半にビーチへ
潮風に打たれて　ベンガル湾眺め　ストレッチ　眠りし体も目覚めてく
午前中は　クーラーとめて　ベランダからの風たよりに　寝ころび
時には読書に　仕事　その時の我の姿は　糸車回す　ガンディーの如し
※連日のあまりの暑さに

チェンナイ補習授業校の子どもたち

2017／6／8

①世界52の国と一つの地域に205の　補習授業校あり
およそ2万人もの子供たちが　ダブルスクールで学ぶ
ここチェンナイ補習授業校は　世界に四つしかない
準全日制補習授業校　月から土曜日まで開校している

②祖国を遠く離れ　異国の地で学ぶ日本の子どもたち
小学生は　インターナショナルスクールで7時間　補習校で2時間
朝7時に家を出　夕方6時に学校を出る　長時間の学校生活
騒音と渋滞の中　車で送り迎え　それでも子どもたちはここが大好き
③英語と日本語で学べ　たくさんの友だちができるから
ここでしっかり勉強すれば　日本に帰っても大丈夫だから
外で自由に遊べない　コンビニも　自動販売機もないけど
本帰国の日を待ちわびながら　それでも子どもたちはここが大好き
※原詞を、担任していた小学部4年生の子供たちと一部改作し、2017年12月3日の補習校発表会で、3・4年生合同で演奏。（南天竺通信・第21弾参照）

チェンナイ補習授業校の子どもたちと

2017／6／9

①先生　もうちょっとで　できるから　待って
先生　これ意味わかんないんだけど　教えて
先生　私できたから　黒板に　全部書いてもいい
先生　AくんとBくんが　うるさい！　注意して
②カンカーン　1時間目　終わりの鐘が鳴り響く

飛び出す男の子たち　2時間目に遅れるなよ
本大好きの女の子たち　小さい子のめんどうみてね
2時間目のはじまり　はじまり　あれ　いないのは誰だ
③四月からたった二カ月間しか　一緒じゃなかったけど
ここで学んだことを　心のどこかにしまいこんで
先生の学年だよりの　タイトルも時々思い出してね
Think Globally Act Locally !
ポーイットゥ　バーレーン
※「子どもたちの立場に立ってもっと生き生きと書いてみたら」と妻に言われて挑戦してみたが、さて出来はいかに。

この夏の思い出の場面を綴れば

一行詩　2017/6/4〜8/6

この夏の思い出の場面を綴れば　海外での暮らしと旅の醍醐味ここにあり
チェンナイでの初めての電車　中は薄暗くドアもない　でも安いことは確か
ビーチ沿いをひたすら歩く　大豪邸のちょっと先には　足すくむ一角もあり
インドに来て初めてのヨガ体験　思うように体曲がらず　次はもうないかも
インドの一般家庭でのお料理教室に妻と参加　我が家の食卓の今後に期待を

毎週通っている合唱練習　人数は少なくても　みんな気持ちのいい人たちだ
微熱と鼻水ありよく寝られず　予防接種以外では初めて病院のお世話になる
この夏3回の映画館へ　今回は暴力シーン多く　体調もいまいちで途中退場
ケララのクリーク巡るウォーターボート　川辺での洗濯音が心地よく響く
コチは雨期　二か月ぶりに雨を見た　どしゃぶりの中の町歩きもまた楽し
ケララの伝統芸能カターカリ　1時間かけてのメイクアップ見るもまた楽し
スリランカはまさに光り輝く緑の島　秋田の田舎に来たような心の安らぎ
スリランカと言えばセイロンティー　ストレートでもミルクでも何でも良し
ピンナワラの象の　孤児園での象の水遊びの動画に　孫の友ちゃんも大喜び
聖地キャンディはまさに聖なる地　仏陀の歯も仏歯寺で守り続けられている
キャンディアンダンスの太鼓の連打は圧巻　火渡りの儀式はどこかでも見た
見るだけならと寄ったサリー店、香料園　いつの間にかお土産袋が右左に
タンブッラの何段もの階段を登った頂に　スリランカ最大の石窟寺院あり
アーユルベーダはここも本場　汗と毒素が滝のように流れ　すっきり爽やか
念願のシーギリアロックの頂上に無事辿り着く　360度の絶景に言葉もなし
※2017夏休みの思い出場面を一行詩に表現。佐藤香さんがおもしろい曲にしてくれた。
パワーポイントでの写真映像もあり。観ながら聴くとさらに楽しい。

デカン走り抜けハンピへ

２０１７／７／17〜７／21

①ＩＴ・庭園都市・豆の町バンガロールから　車で7時間
デカン高原ひたすら走り　目指すは世界遺産のハンピ
赤茶けた大地に　ところどころ　緑のじゅうたん広がる
ここは地球の未来の食糧倉庫　食を大事にした国栄える
②ハンピは世界第一級の世界遺産　自然と人類の芸術　融合
今から６００年ほど前　南インドに栄えた王国の歴史の跡
数々のヒンドゥーの寺院跡　破壊された王宮に　風吹き渡る
すぐそばで　物売り　洗濯　道路工事　人々の暮らし息づく
③インドはまことに魅力あふれる国　一つひとつの世界遺産に
ゆうきゅうの歴史刻まれ　比類なき文化　今に引き継がれる
自然の中での人々の暮らしに　何千年と変わらぬものあれば
ここ数十年での目覚ましい変わりよう　まことに魅力ある国
ああここは　人類の歴史と未来照らす　あこがれの天竺の国
ああここは　人類の歴史と未来照らす　あこがれの天竺の国
※この夏最後の長旅、バンガロール、マイソール、ハンピへの旅の中で創作。
You Tube にアップ 「デカン走り抜けハンピへ」 で観られる。
あるいはこちらでどうぞ。 https://youtu.be/AcQ0G9P2Yw

はるかなる流れの中に

２０１７／８／６〜８／24

①この星のはるかなる時の流れの中に　ヒトは生まれ
はるかなるヒトの歴史の流れの中に　私は生まれた
20世紀後半から21世紀前半の　めくるめく時代
ユーラシア大陸の東のはしっこの島国　なまはげの地に

②出羽の山奥のわらしっこは　広い世界を見たかった
22の歳に　子どもたちと学ぼうと　仙台から東京へ
大都会で仕事と人に揉まれながら　生き甲斐を得た
それは仲間たちと歌うこと　歌で何かの役に立つこと

③良きつれあいと子らに恵まれ　夢は海外へと膨らむ
歴史と音楽とゲーテの国で　３年間の日本人学校
退職後も　再び夢見て　天竺の国・チェンナイへ
肌の色　風土　言葉　違っても　人はみな同じ
汗して働き　家族つくり　未来世代に引き継ぐ
この星に　この時代に　生れた確かな証　求めて

※夏休みの最後の日に朝方寝ていたら湧いてきた。改訂を重ね８／24やっと完成。
我が人生を謳った歌。

Think Globally Act Locally !

(考えは地球規模で　行動は足元から)

チェンナイ補習授業校　小学部４年　学年だより　第 19 号
平成 29 年(2017 年)10 月 13 日（金）発行　担任　箱崎作次

きょうのタミル語　「Have a nice holiday!」(イニヤ　ビィードゥムライヤーガ　アーマイヤットゥム)

創作「ごんぎつね」の発表をしています→

前期は各教科ここまでやりました。後期はここからです。秋休みの宿題も出しています。

国語・・・教科書下巻の最初に登場する「ごんぎつね」を 10 時間かけてやりました。最後は私たちの作った「ごんぎつね」の発表会をやりました。いずれ保護者の皆様にもお見せしたいと思っています。後期は「慣用句」からやります。前期の確認テスト 4 枚は秋休みの宿題です。

算数・・・下巻の最初「計算のきまり」に入ったところです。後期は p5 の計算の順序を考えてからです。機会あるごとに計算練習をして計算が苦にならないようにしましょう。前期の確認テスト 3 枚は宿題です。

社会・・・「ごみのしょりと利用」をやっているところです。前回の「水はどこから」や「くらしをささえる電気」と合わせて、インドや日本、他の国では水・ごみ・電気などがどうなっているのか興味を持って調べられるようになるといいですね。

理科・・・前期は「わたしたちの体と運動」までやりました。後期は「月の動き」からやります。前期の確認テスト 4 枚は宿題です。

【後期一週間目の予定です】※後期は 10/23 からスタートです。28(土)は 11/4 社会科見学の事前学習で 8:25 登校、8:30〜9:20 授業です。

日・曜日	10 月 23 日（月）	24 日（火）	25 日（水）	26 日（木）	27 日（金）	28 日(土)
1 校時 15:55〜16:40	**算数** 計算のきまり　③ ※ノート、計算スキル	**国語** 慣用句 ※ノート、漢字スキル	**国語** 文集「タミルの風」① ※教科書、ノート	**国語** 文集「タミルの風」② ※教科書、ノート	**国語** アップとルーズ　① ※ノート、漢字スキル	社会科見学の事前学習授業 9:25 頃下校となります
2 校時 16:50〜17:35	**後期の始業式** 学級の時間	**算数** 計算のきまり　④ ※ノート、計算スキル	**算数** 計算のきまり　⑤ ※ノート、計算スキル	**社会** ごみの処理と利用　③ ※ノート	**理科** 月の動き　① ※ノート	

※宿題は 10 月 23 日(月)に持ってきてください。国語の授業で学校文集「タミルの風」に取りかかります。完成めどは年内です。

Think Globally Act Locally !

(考えは地球規模で　行動は足元から)

チェンナイ補習授業校　小学部４年　学年だより第 33 号
平成 30 年(2018 年)2 月 15 日（木）発行　担任　箱崎作次

今日のタミル語・・・運動会は楽しかったです(ナーン　ヴィライヤード　ヴィラヴェー　ミガブム　ラシット　パールッテーン)

運動会　皆さんお疲れさまでした。今年の運動会で一番楽しかったこと、良かったこと、心に残ったのはどんなことですか。

U くん・・・50m 走で 1 位になれてよかったです。
K さん・・・宝探しレース、ランチタイム、借り人競争では 1 位になれたことです。
M さん・・・50m 走、リレー、借り人競争、宝探しレース、玉入れが特に楽しかったです。
E くん・・・なによりも最下位にならなくてよかったです。
S さん・・・宝探しで 1 位になったことが一番うれしいです。
箱崎先生・・・大人と子供たち入り乱れての騎馬戦は迫力ありましたね。4 色で一堂に戦うのもおもしろかったです。来年は騎馬戦の馬で出場したいくらいです。

→騎馬戦の様子

日中は 30 度を超す炎天下の中での運動会お疲れさまでした。こうやって親子が集って競技に応援に係仕事にみんなで取り組む、さすがチェンナイ日本人会の絆の強さだなと思いました。日ごろから体を鍛えて来年に臨みましょう。

【来週の予定です】※2/21(水)は中学部授業のため小学部はお休みです。

日・曜日	2 月 19 日（月）	20 日（火）	21 日（水）	22 日（木）	23 日（金）
1 校時 15:55〜16:40	**算数** 分数　④ ※計算スキル	**国語** 初雪の降るころ　① ※漢字スキル	**中学部授業で小学部は授業なし**	**国語** 漢字の復習 ※漢字スキル	**国語** 初雪の降るころ　② ※漢字スキルテスト 12
2 校時 16:50〜17:35	**国語**　私の研究レポート　⑦　発表会 ※漢字スキルテスト 11	**算数** 分数　⑤ しあげとテスト	同上	**社会** わたしたちの県　⑤ **※教科書必ず**	**理科** すがたを変える水② 練習問題　テスト

※今年度の授業もあと 4 週間です。一時間一時間大切にして、そろそろ 4 年生のまとめと 5 年生に向けての準備をしましょう。

Think Globally Act Locally !

（考えは地球規模で　行動は足元から）

チェンナイ補習授業校　小学部６年　学年だより第７号

平成 30 年(2018 年)5 月 18 日（金）発行　担任　箱崎作次

アフリカのマリにいる天野先生から近況報告と小６の皆さんへのメッセージをいただきました

小６の皆さんお久しぶりです。元気にしていますか？　私はマリに来て１ケ月と少し経ちました。アフリカ大陸には現在 54 の国がありますが、マリはその一つです。明日、日本へ帰国する飛行機に乗ります。マリにいる間に、現地の小学校を視察してきました。みんなとは全く違う環境の中でしたが、「学校が大好き！」という思いはみんなと変わらないと感じました。学校に通いたくても、お家の事情で通えなかったり、そもそも学校がなくて通えない子がマリにはたくさんいるそうです。

勉強ができることって、本当に幸せなことなんだなあと改めて感じました。

前期前半もあと少しですね。作次先生と一緒にたくさんの事を学び、楽しく過ごしてください。

5/14(月)　天野愛

今週も毎日、国語と算数の練習問題の宿題を出しています。毎日、「今日の宿題終わった?」と声かけしていただけると助かります。

国語は総合的な問題を、算数はこの４月・５月に学習した範囲の練習問題です。毎日の積み重ねが力になりますので頑張ってください。

【来週一週間の予定です】

日・曜日	5 月 21 日（月）	22 日（火）	23 日（水）	24 日（木）	25 日（金）
1 校時 15:55～16:40	算数 分数のかけ算　④ テスト	国語　ようこそ 私たちの町へ　③ ※ノート、漢字スキル	国語　ようこそ 私たちの町へ　④ 詩と短歌　①	国語 詩と短歌　② ※ノート、漢字スキル	国語 熟語の成り立ち ※ノート、漢字スキル
2 校時 16:50～17:35	社会 平安時代　① ワークシート No.10	理科 体のつくりとはたらき ①　※ノート	算数 分数のわり算　① ※ノート、計算スキル	算数 分数のわり算　② ※ノート、計算スキル	社会 平安時代　② ワークシート No.11

※来週が終われば前期前半最後の週です。早いものですね。夏休みに向けての準備もそろそろしていきましょう。宿題も準備中!

Think Globally Act Locally !

（考えは地球規模で　行動は足元から）

チェンナイ補習授業校　小学部６年　学年だより第 21 号

平成３０(2018) 年　11 月９（金）発行　担任　箱崎作次

12/2(日)の発表会まで３週間となりました。いよいよ本格的に練習を詰めていきましょう。

来週は 11/12(月)と 15(木)の２時間目の後半に練習を入れます。自分の意見を次の週には原稿なしで言えるようにしておきましょう。

マザー・テレサの格言から「世界の平和について考える」

ディワリの四連休中にマザー・テレサが活動したコルカタを訪ねてきました。

○銃や砲弾が世界を支配していてはいけないのです。世界を支配していいのは、愛なのです。

○世界平和のために何ができるかですって？　家へ帰って、あなたの家族を愛しなさい。

○私たちは、この世で大きいことはできません。小さなことを大きな愛をもって行うだけです。

○私たちのしていることは大海の一滴(ひとしずく)に過ぎません。だけど、私たちがやめたら確実に一滴が減るのです。

○人間のほほえみ、人間のふれあいを忘れた人がいます。これはとても大きな貧困です。

【来週一週間の予定です】※11/17(土)は翌週 11/23(金)の社会科見学のための事前学習があります。8:25 登校　8:30～9:15 MC10 にて

日・曜日	11 月 12 日（月）	11 月 13 日（火）	11 月 14 日（水）	11 月 15 日（木）	11 月 16 日（金）
1 校時 15:55～16:40	算数 比例と反比例　② ※ノート、計算スキル下	国語 柿山伏　② ※ノート、漢字スキル	中学部の授業のため お休み	算数 比例と反比例　③ ※ノート、計算スキル下	国語 柿山伏　④ ※ノート、漢字スキル
2 校時 16:50～17:35	社会 復習テスト	理科 金属をとかす水溶液　① ※ノート、計算スキル	同上	国語 柿山伏　③ ※ノート、漢字スキル	社会 戦後の日本　① ※ワークシート　No.27

※宿題は、発表会で言う自分の意見をこの週の中で原稿なしで言えるようにすることです。

Think Globally Act Locally !

チェンナイ補習授業校 中学部１年 学年だより 第７号

（考えは地球規模で 行動は足元から）　平成 29 年(2017 年)9 月 30（土）発行 担任 箱崎作次

10 月は前期から後期に移り変わります。間の秋休みも有効にお過ごしください。

前期もあと 2 週間 2 回だけの授業となりました。7 日(土)には通知表を配布します。中学部では国語と数学が A.B.C の観点別評価と 5.4.3.2.1 の 5 段階評定になり、社会と理科は記述です。自分の評価・評定をよく分析し、後期に生かしてください。中学部の後期は 10/28(土)から始まります。土曜授業の時間割は前期と同じ、水曜授業は後期からは固定になり、国語・数学・理科・社会の順になり、11/8(水)からのスタートとなります。12/3(日)の発表会に向けて中学部の練習が始まりました。練習時間が限られていますので毎回の練習を大切にしていきましょう。**下校時間がいつもより 15 分～20 分ほど遅れることご了承ください。**

※10 月の土曜授業は前期 1 回、後期 1 回あります。

時間	1 校時（8:45～9:35）	2 校時（9:40～10:30）	3 校時（10:40～11:30）	4 校時（11:35～12:25）	5 校時（13:10～14:00）	6 校時（14:05～14:55）
教科	**社会**	**※社会**	**国語**	**数学**	**数学**	**理科**
10/7(土)	アフリカ州 ① ②	アフリカ州 ③	幻の魚 ①	反比例 ①	反比例 ②	光りの屈折 ①
10/28(土)	小学部の父親学級で中学部授業は無し	ISUZU の自動車工場見学の事前学習	流れをふまえて話し合う	比例・反比例の利用 ①	比例・反比例の利用 ②	レンズのはたらき ①

※水曜授業は 10 月 11 日（水）の 1 回だけ入っています。

時間	1 校時(14:10～14:55)	2 校時(15:00～15:45)	3 校時(15:55～16:40)	4 校時(16:45～17:30)
10/11(水)の教科	**国語**	**※国語**	**数学**	**理科**
内容	幻の魚 ②	幻の魚 ③	反比例 ③	光りの屈折 ②

Think Globally Act Locally !

中学部 1 年 学年だより 第 10 号 平成 29 年 12 月 16 日（土）発行 担任 箱崎作次

中学部の後期前半は一足早く今日で終わり、後期後半のスタートは 1 月 20 日(土)です

10/28(土)にスタートした後期前半、9 回の授業と二つの大きな行事がありました。10 月下旬からチェンナイでは雨が多くなり、小学部は 10/31(火)と 11/3(金)が大雨のため休校となりましたが、中学部には影響がありませんでした。心配された 11/4(土)の社会科見学、いすゞ自動車の工場見学も無事に出来ました、12/3(日)の補習校発表会もなかなかやる内容が決まらず心配しましたが、合唱 2 曲と決まり練習を進めてきて本番では、中学生の声と先生方大人の声とがミックスして見事な合唱となりました。DVD が出来てくるのが楽しみです。

中 1 の二人は、この 11 回出席率 100%で何よりでした。冬休み明けには女子の転入生が二人ある予定です。温かく迎え入れましょう。補習校は一か月以上お休みとなりますので、各教科の宿題を中心にそれぞれの計画に基づいて充実した日々をお過ごしください。

【冬休みの宿題】 国語は「読解力をつける」練習問題を 8 枚出しています。解答をして 1/20 に持ってきてください。**書き初めの完成版は 1/17(水)まで箱崎へ手渡すこと。**理科は、今後の学習範囲の教科書をよくみてくることです。数学、社会は担当の先生の指示でどうぞ。

※1 月は土曜授業は 1 回しかありません。2 月は 4 回あります。

時間	1 校時（8:45～9:35）	2 校時（9:40～10:30）	3 校時（10:40～11:30）	4 校時（11:45～12:25）	5 校時（13:10～14:00）	6 校時（14:05～14:55）
教科	**社会**	**国語**	**国語**	**数学**	**数学**	**理科**
1/20（土）	①武士の成長 ②武士の政権の成立	少年の日の思い出 ① ※ノート	少年の日の思い出 ② ※ノート	資料の活用 ①	資料の活用 ②	水中ではたらく力 大気による圧力

※水曜授業も 1/24(水) だけです。2 月は 2 回あります。

時間	1 校時(14:10～14:55)	2 校時(15:00～15:45)	3 校時(15:55～16:40)	4 校時(16:45～17:30)
教科	**国語**	**数学**	**理科**	**社会**
1/24（水）	少年の日の思い出 ③ ※ノート	資料の活用 ③	ここまでの振り返り ※ノート、完全学習	③鎌倉幕府の成立と執権政治～⑤まで

どこに誰がいる？ →

「歌う社会科教師」インドへ

憲法や歴史題材に作詞 国分寺・箱崎さん

憲法や歴史を題材に歌を作り、授業に生かしてきた国分寺市の元中学校教員、箱崎作次さん(62)が28日、新たな働き場所となるインドに出発した。自称「歌って愛して行動する社会科教師」は「インドでもどんどん作詞して、帰国後にコンサートを開きたい」と意気込んでいる。【中田卓二】

2月26日に東京都国立市で開いた「旅立ちコンサート」で歌う箱崎作次さん(右)。ピアノは作曲者の佐藤香さん

箱崎さんは2015年3月に定年退職。昨年4月から小金井市の中学校に時間講師として勤めていたところ、同10月、チェンナイ日本人会が運営主体の日本人補習授業校への採用が決まり「第二の人生は海外で」という念願がかなった。

趣味の合唱が高じて作詞を思い立ったのは10年ほど前。「教材として使える歌を」と、社会性のあるテーマを中心に詞を書き、福島県の養護学校教員でシンガー・ソングライターの佐藤香さん(53)に作曲を依頼した。東日本大震災の被災地支援を歌にした「あの日から」(11年作詞)をはじめ、2人の共作は12曲を数える。

例えば、明治憲法公布前の1881(明治14)年に市井の人々が起草し、現行憲法を先取りしたかのような先進的内容を持つ「五日市憲法草案」に触発された連作「五日市憲法草案は謳《うた》う」「今一条の光となって」(2015年作詞)では、「民の自由と平等こそ かけがえのないものと 江戸の世から まだ14年の昔に刻んでいた」と訴える。学校でも市民集会でも「歌わせてくれるところがあれば、どこにでも行く」のが箱崎さんのモットーだ。

「夢かなった」帰国後はコンサートを

チェンナイ補習授業校は世界でも数少ない準全日制(小学部・月曜～金曜、中学部・土曜)で、現地の学校に通う日本人の子供約70人が放課後に集う。箱崎さんは小学4年生の担任として新たな一歩を踏み出す。

日本での最後の授業を終えた23日。箱崎さんは学年集会で「ずっと持っていた夢がやっとかなった。みなさんも夢に向かって進路を切り開いてください」と生徒に呼びかけ、自作の歌で激励した。

うたごえ教師 箱崎作次の 天竺通信

うたごえ新聞. 2017.9.18号

その6 チェンナイ日本人会 夏祭りで

天竺通信「その6」。これは9月4日に届いた実は第11弾。箱崎さん、元気いっぱい。

インド南東部の国際港湾都市チェンナイにはおよそ700人余りの日本人が暮らして日本人会を結成している。その絆は強く、委員会や実行委員会をつくって年間様々な活動が行われている。その最大の活動の一つ、夏祭りがチェンナイのビーチ沿いホテルの野外を貸し切って9月3日に行われた。

ステージでの催し他、盆踊り、花火、そしてここに来れば久しぶりの日本食や日本酒にもありつけることを楽しみに、浴衣姿の子どもたちやお母さん、甚平のお父さん、夏祭りの法被をきた若者やインド人などおよそ400人余りが集った。

▲チェンナイ合唱部

チェンナイ合唱部 初舞台

夕方5時半開会、夜のとばりがおり、会場もほろ酔い気分になったところで、チェンナイ合唱部の演奏。一昨年誕生し、夏祭り出演は2回目。出演メンバーは17名。私たち夫婦を含め4人が初舞台組だ。曲はこの間練習を積み上げてきた「TOMORROW」(表参道高校合唱部で歌われた)と「Jupiter」(田中達也編曲)。

各パートにマイクが立っての演奏であったが、指揮者によく集中し、他のパートの音もよく聴きあい心地よい演奏となった。評判も上々。これで部員が一人でも増えればさらに嬉しい。

合唱部の次の演奏は11月に総領事館主催でインド政府関係者や各国の大使館員を招いての「天皇誕生日レセプション」があり、両国の国歌を歌う。「君が代」はともかく、インド国歌をヒンディー語で覚えるいい機会だと思っている。

日本語スピーチコンテスト

この日、市内の日本語学校で日本語スピーチコンテストがあった。審査員を頼まれたが、合唱部の出演があり、辞退していたが、少しの時間でもと駆けつけ、8人くらいの学生のスピーチを聴いた。それぞれに苦労して日本語を学んだ成果が随所に表れていて、インドの若い人たちの考え方や生活の一端も知ることができた。日本語や日本の文化・歴史に関心も旺盛な彼らの前で来年1月には「日本の歴史」について話す機会を与えられているのも今から楽しみにしている。

うたごえ新聞　（1959年1月31日 第三種郵便物認可）　第2550号

うたごえ教師 箱崎作次の 天竺通信

その9 南インド三大祭 その1つ ポンガル祭

＊インドの日本人学校に赴任、三多摩青年合唱団の箱崎作次さんの「天竺通信」、今号は1月18日着、第26通目の南インドの祭りを紹介。

▲ポンガル最終日、ビーチに集う人々

南インドのチェンナイに暮らしてまだ10カ月なので、年間どんなお祭りがあるのか肌で体験していないものもあるが、三大祭りというと次の三つのようだ。

タミルのお正月

まず4月中旬のタミル暦のお正月。5月中旬までを"チッティライ月"と呼ぶ。昨年、赴任してすぐ三連休だったことを覚えている。早朝、散歩に出かけると、家の前で人々は何やら絵を描いている。覚えたてのタミル語「プッタンドゥ　ナルワートゥッカル」と挨拶するとにっこりほほ笑んでくれた。ちなみにインドの年末年始は12月31日と1月1日だけ、後は普段の生活だったように思う。

次は10月中旬過ぎのディーワリ。ちょうどタイに行っていて体験してないがヒンドゥー教の新年のお祝、町は電飾と爆竹で大賑わいとか。

衣服を焼いて無病息災

3つ目が1月13日からのポンガル祭り。日本で言う収穫祭、常夏の南インドはお米も年3回収穫でき、いつ収穫祭があってもおかしくない。タミル暦で今年は1月14日がタイ月の始まり、前日のボーギも入れて4日間が祭日となる。

「ボーギ」とは日本で言う「どんど焼き」のようなもので、各家庭では一斉に古い衣服を焼いて無病息災を願う。しかし、その煙が町中に。実はこの日、東京の一時帰国から帰った私たちはチェンナイ空港がスモッグのため到着は2時間遅れた。車も町中ノロノロ運転だったとのこと。

▲家の前に描かれた絵

女性感謝の日

ポンガル2日目の朝、家々の入口に米粉でカラフルな絵(コーラム)が描かれている。ヤシの実やさとうきび、壺から白いものがこぼれている絵が多い。ポンガルは「沸騰させる」の意味で、米と豆を混ぜたものにミルクを入れて沸騰させると壺からふきこぼれる。これが縁起がいいとのこと。行き交う人々が「ハッピー　ポンガル」「ポンガル　ナルワートゥッカル」とにっこりと挨拶しあう。女性に感謝する日で、女の人たちは綺麗に着飾ります。3日目のマットゥーポンガルは家畜に感謝し、綺麗に飾り付ける。4日目のカーヌンポンガルはビーチや映画館など外で過ごす。

うたごえ教師 箱崎作次の 天竺通信

インド・チェンナイの補修授業校赴任中の三多摩青年合唱団・箱崎作次さんからの通信。随時紹介。

その11 チェンナイ合唱部 "ホットサマー・フェス2018"で演奏

チェンナイ合唱部の今年度第1弾の演奏は、4月15日Days Hotelでの「ホット・サマー・フェス2018」。これは本格的な夏を前に、日本に縁のある音楽ラバーが集まってインド駐在生活を盛り上げる音楽フェス。

▲ニーラジャさん

出演者はチェンナイ合唱部の他に、同じくチェンナイでバンド活動をしているCKBバンドとダンサーズ、のど自慢「The World」に出演したニーラジャさんとメハちゃん、A&Sさん、そしてバンガロールからロイヤルエコーのみなさんの14名で参加。一般参加者含めて100名ほどの会場がぎっしりと埋まった。

チェンナイ合唱部はこのところ入れ替わりが激しく、年度末・年度初めで練習も大変だったが、初参加2人を含め13人で、「Balleilakka」「糸」「Tomorrow」を何とか歌い切った。ロイヤルエコーさんは1999年に誕生、発足以来の団員も2人おられてお歳も80歳を超えている。歌は「You Raise Me Up」と「Amazing Grace」を英語でソロも入れて、「麦の唄」は合唱バージョンで。キーボード伴奏も入り素敵な演奏であった。二つの合唱団合同の「大地讃頌」は重厚に、「怪獣のバラード」はCKBダンサーズも入って楽しく演奏できた。なお、CKBダンサーズ4人は全員補習校の児童・生徒たち。

▲チェンナイ合唱部

ニーラジャさんたちの歌声は、マイクを通してよく会場に響き、さすが、のど自慢The Worldの出場者たちとうならせた。I部は演奏交流、II部はお食事・アルコール付きだったが、先週から休みなし、飲み会も続いて胃も疲れ、参加費もバカにならない。全部2人で参加すると5000Rs（日本円で約1万円）。給料の1割。ゆえに参加は取捨選択。

4月22日は日本人会総会があり、ここでもチェンナイ合唱部の出演がある。私たちの歌を聴いて、私もこの合唱団で歌いたいという人が一人でも多く出るような演奏をしたい。

うたごえ教師 箱崎作次の 天竺通信

インド・チェンナイ補習授業校赴任中の三多摩青年合唱団・箱崎作次さんの「通信」より。歌を交え「日本の歴史」レクチャー編。

▲ABK日本語学校の学生たちと

その10 日本語学校の学生に「日本の歴史」レクチャー

ABK日本語学校の依頼で昨夏の特別プログラム「日本の地理」の続編「日本の歴史」レクチャーを行った（1月21、28日）。

長年、日本の中学校で社会科の教師をしてきたが、2回3時間でどうエッセンスを伝えるか悩んだが、学生たちは日本の文化や歴史への関心は高く、将来日本で学びたい、働きたいという人も多い。結局、オーソドックスに縄文時代から現代までを14の時代に分けて、各時代のポイントを解説していく方法をとった。日本語と英語が堪能な先生に英訳文をお願いした。

初めにオリジナル曲「デカン走り抜けハンピへ」（箱崎作次：作詩、佐藤香：作曲）を佐藤さんの伴奏入りCDに合わせて歌った。最後に、〽インドはまことに魅力あふれる国…比類なき文化今に引き継がれ…ああここは人類の歴史と未来照らす憧れの天竺の国…、と歌うと大きな拍手で、調子がよくなったところで、縄文時代から。

▲オリジナル曲「デカン走り抜け…」を歌う筆者

この時代は、野山や川、海で狩りや漁をして食べ物を手に入れていた。縄目の模様の土器を使い収穫したものを煮たり、水を入れるのに使っていた。今から1万6500年から2500年くらい前までの約1万4000年も続いた。

鎌倉時代以降は少しずつ長くなり、特に明治・大正・昭和はかなりの長さとなった。順調に江戸時代まで進んだところで妻（箱崎陽子）の歌「さくら さくら」「お江戸日本橋」を入れるとここでも大きな拍手。続いて明治までをやり次回へ。

▲箱崎陽子さんも「原爆…」を

戦後の日本 歌「原爆を許すまじ」

2回目も私の歌、これも佐藤さんと昨年作った「共にオールを漕ごう〜天竺の国と我が祖国との永久の友好を願って」から始めた。歌詞には、インドで生まれた仏教が長い時を経て我が祖国へ。奈良の大仏、20世紀の非暴力・不服従のガンディー、東京裁判のパール判事、戦後、ネール首相から日本に贈られた象のことなどインドと日本の友好の歴史を織り込んだ。

レクチャーは、大正時代から昭和前半の日本の戦争の歴史、戦後の新しい憲法のもとでの再スタートと経済復興、高度経済成長期、公害と環境問題、貿易摩擦、日本企業の海外進出がインドへもと続き、現在まで一気に進んだ。ここで一息。

補習校の音楽専攻同僚天野愛さんに「花」を独唱してもらい、妻は今回のテーマに合わせて「原爆を許すまじ」を歌った。天野さんにしてこの歌は初めて聴いたとのことなので、日本の若い人にこの歌をどう継承していくか、われわれの課題だ。次は「日本国憲法と日本の社会について」をテーマに気十分である。

教育・文化交換イベント　　　　ヴァンダルール発　　10月11日

கல்வி, கலாசார பரிமாற்ற நிகழ்ச்சி

வண்டலூர், அக்.11–

சென்னை தாம்பரத்தை அடுத்த மண்ணிவாக்கத்தில் உள்ள ஸ்ரீநடேசன் வித்யாசாலா மெட்ரிக் மேல்நிலைப்பள்ளிக்கு கல்வி, கலாசார பரிமாற்றத்தின் ஒரு அங்கமாக ஜப்பான் நாட்டு கல்வியாளர்கள் [illegible] சோன்பி, அடாசி மெகுமி, உமாஸ்வரா செமினி, [illegible] சுமுஜி, ஹகோசாகி யோகோ ஆகியோர் கொண்ட குழுவினர் வருகை தந்து பள்ளி மாணவ–மாணவிகளுடன் கலந்துரையாடும் நிகழ்ச்சி நடைபெற்றது.

பின்னர் ஸ்ரீநடேசன் பள்ளி ஆசிரியர்கள், மாணவர்களுக்கு பாடம் நடத்தும் முறையை ஜப்பான் நாட்டு குழுவினர் கவனித்து, தங்கள் அனுபவங்களை ஆசிரியர்களிடம் பகிர்ந்து கொண்டனர். முன்னதாக பள்ளிக்கு வந்த ஜப்பான் நாட்டு கல்வி குழுவினர்களை பள்ளி நிறுவனர் டாக்டர் ந.ராமசுப்ரமணியன் வரவேற்றார். அப்போது பள்ளி முதல்வர் காயத்ரி ராமச்சந்திரன் உடன் இருந்தார்.

チェンナイのターンバラムにあるナテーシャン中高等学校を、日本人の子供たちの学校であるチェンナイ補習授業校(学校長　吉本卓氏)の先生方が教育・文化交流の一環として訪問された。生徒たちと様々な問題について質問・意見交流し、その後授業も視察された。ナテ—シャン学校からは経営者のラーマスブラマニヤン氏やガーヤトリ学長が同席された。

あとがき

この場を借りて、この一冊の本を世に出すきっかけを与えてくれた全ての皆さんに感謝したい。まずは、中学校の担任だった佐藤近子先生。３年間、日記を書くことを勧めてくれたお陰で今でも書くことが習慣となっている。20数年前に、うたごえ新聞に「ドイツ通信」を掲載してくれたうたごえ新聞社は今回も「天竺通信」として何回かにわたって掲載してくれたお陰で書き続けることが出来た。インドに来る前に、イズミヤ出版の泉谷社長が「箱崎さん、帰ってきたらインドの体験を本にしましょう」と言ってくれたお陰でモチベーションを維持することができた。１年間職場でご一緒した天野愛子さんは長野に帰られても毎回の通信を楽しみに待っていてくれた。

そして、何よりもインド・チェンナイでの豊かな仕事と生活を体験させてくれた人たちが私の周りにはたくさんいた。働きやすい環境づくりに努めてくれた吉本卓校長先生、事務員のカンナンさんはじめチェンナイ補習授業校の関係者の皆さん、安全運転で目的地に連れて行ってくれたバルサランさんはじめドライバーの皆さん、快適で安全な住環境の整備に務めてくれた高山さんやマリニさん、セキュリティーの皆さん、インドでの世界を広げてくれたマニキルパ先生とＡＢＫ日本語学校のたくさんの先生方と学生の皆さん、ＡＢＫ日本語学校をいち早く紹介してくれた丸山雅子さん、共に歌い舞台を踏んだチェンナイ合唱部の皆さん、歌と踊りまで体験させてくれた新人芸Ｅチームの皆さん、インドから送る詞に次々に作曲してくれた福島の佐藤香さん、ＹｏｕＴｕｂｅにアップしてくれたジョー君、いつも快適な旅行をアレンジしてくれたマサラツアーズの横山さん、家族ぐるみのお付き合いをさせていただいたニーラジャさん・ヴェンカーテスさんご一家、毎日の買い物の時にタミル語で野菜や果物の名前を繰り返し教えてくれたコバイのドュビアさんはじめ笑顔が素敵なタミルの皆さん、と挙げればきりがない。

通信は1年と9か月で164編を数え、そのうち本書に掲載できたのは94編である。短い滞在の中での一面的な記録なので、まだまだ語れないインドの奥深さや急速に変わりつつあるインド社会の様子はこれからの人たちにゆずりたい。

来年四月からは、日本でしばらく時間講師の仕事をしながら体のメンテナンスと英語力を鍛えることにする。再び「○○通信」を皆さんにお届けできることを夢見て。なぜなら、この本のタイトルにある「シニアでもまだまだ海外で働ける」を、私自身もまだまだ追及していきたいから。

最後に2年間のインド生活と仕事を共にしてくれた妻、日本の美しい風景写真と孫の写真を時々送ってくれた息子と娘、そしてインドと日本から声援を送ってくれた全ての皆さんに感謝して。

箱崎作次　２０１８・12・23　チェンナイの自宅にて

P.S.　本の感想や講演（インドで生まれたオリジナル曲の紹介も含めて）依頼など、もしありましたら次のメールにいただければ幸いです。　s_hakozaki3@outlook.jp

■筆者プロフィール

箱崎作次（はこざき　さくじ）

1954年5月　秋田県横手市に生まれる
1973年3月　秋田県立横手高等学校理数科卒業
1977年3月　東北大学理学部地学科地理教室卒業
1977年4月　東京都の中学校社会科教員としての勤務始まる
1979年11月　三多摩青年合唱団第13期研究生を経て団員になる
1994年4月〜1997年3月　ドイツ・フランクフルト日本人学校に勤務
2015年3月　定年退職
2017年4月　インド・チェンナイ補習授業校に勤務
2019年3月末　帰国

シニアでもまだまだ海外で働ける

南天竺通信

―インド・チェンナイでの2年間―

二〇一九年二月　初版発行

著　者　箱崎作次

発行所　イズミヤ出版
秋田県横手市十文字町梨木字家東二
電話　〇一八二（四二）二一三〇

印刷製本　有限会社イズミヤ印刷
秋田県横手市十文字町梨木字家東二
電話　〇一八二（四二）二一三〇

表紙デザイン　是永　由
HP:http://www.izumiya-p.com/
✉:izumiya@izumiya-p.com

ISBN 978-4-904374-36-8